Kleine Fibel des Arbeitsschutzes für Kindergartenleiterinnen, Kindergartenleiter, Erzieherinnen und Erzieher und für Sicherheitsbeauftragte an Kindergärten.

Arbeitssicherheit und Gesundheitsschutz an Kindergärten,
Beurteilung der Arbeitsbedingungen gem.
§ 5 des Arbeitsschutzgesetzes.
56 Seiten mit mehr als 60 „Empfohlenen Maßnahmen".

Harald Birgfeld:

5. Auflage

2

Herausgeber, Autor, Redakteur: Harald Birgfeld.
e-mail: Harald.Birgfeld@t-online.de
Im Internet unter : www.Harald-Birgfeld.de

© 2020 Birgfeld, Harald
Herstellung und Verlag:
BoD – Books on Demand, Norderstedt
ISBN: 9783751967082

Allgemein:

Diese praxiserprobten **Beurteilungen** sind Arbeitsunterlagen, die sowohl der Einrichtungsleitung, als auch der/dem Sicherheitsbeauftragten wie dem Erziehungs- und Betreuungspersonal, behilflich sein sollen, die an der Einrichtung möglicherweise vorhandenen **arbeitssicherheitstechnischen Mängel sowie arbeitsbedingten Gesundheitsgefahren** zu erkennen. Sie sollen helfen, das Gesetz über die Durchführung von Maßnahmen des Arbeitsschutzes zu erfüllen und die Verbesserung der Sicherheit und des Gesundheitsschutzes der Beschäftigten bei der Arbeit zu sichern. **Beschäftigte bei der Arbeit sind Arbeiter, Angestellte, Beamte und Teilzeitbeschäftigte.** Die Fachkräfte für Arbeitssicherheit und z.B. ein Betriebsarzt stehen dabei gerne beratend zur Verfügung. Die zu den Beurteilungen gehörenden *Dokumentationen der Beurteilungen der Arbeitsbedingungen gem. § 6 des Arbeitsschutzgesetzes, Arbeitssicherheit und Gesundheitsschutz,* sind weitere Arbeitsunterlagen, die Ihnen, der Einrichtungsleitung, die Möglichkeit geben, gefundene Mängel und Gefahren sowie die zu treffenden Maßnahmen zu deren Beseitigung zu dokumentieren. Das Arbeitsschutzgesetz erfordert es, dass der Arbeitgeber die Arbeitsbedingungen hinsichtlich einer möglichen Gefährdung ermittelt. **In Schulen hat diese Aufgabe die Schulleiterin oder der Schulleiter in anderen Einrichtungen die Einrichtungsleitung.** Über das Ergebnis der Gefährdungsermittlung und die daraus folgenden Maßnahmen müssen Unterlagen verfügbar sein. Als Unterlagen zur Dokumentation gelten, neben Prüflisten, die Berichte der Fachkraft für Arbeitssicherheit, z.B. der Landesunfallkassen, der Unfallkassen der Länder, eines Arbeitsmedizinischen Dienstes, eines Betriebsarztes oder z.B. eines Amtes für Arbeitsschutz, einem Gewerbeaufsichtsamt, (ergänzt um die veranlassten Maßnahmen zur Mängelbeseitigung), eigenständige Gefährdungsdokumentationen, Betriebsanweisungen für Tätigkeiten, Arbeitsmittel und Arbeitsstoffe und "Beurteilungen von Gefährdungen und Belastungen am Arbeitsplatz". Vgl.: GUV-I 8700, welche z.B. von den Unfallkassen der Länder, kostenlos bezogen werden können.

4

Inhaltsverzeichnis, unterteilt in:

1) Allgemein an Kindergärten, betrifft die an Kindergärten
möglicherweise vorhandenen *arbeitssicherheitstechnischen Mängel
sowie arbeitsbedingten Gesundheitsgefahren* und 4
2) Gesundheitsschutz und Gesundheitsförderung, betrifft die
möglicherweise an Kindergärten vorhandenen *arbeitsbedingten
Gesundheitsgefahren*, z.B. betreffend den Mutterschutz. ... 6

1) Allgemein an Kindergärten
Inhaltsverzeichnis   **Seite**

Gesundheitsschutz und Gesundheitsförderung an Kindergärten .... Seite

---

Abkürzungen und Vorschriften

Geltungsbereich:
Alle Länder der Bundesrepublik Deutschland
**Alle nachstehend aufgeführten Vorschriften, wie z.B.
das Arbeitsschutzgesetz, die Arbeitsstätten-Richtlinien,
die Arbeitsstätten-Verordnung, das Gesetz über
Betriebsärzte, Sicherheitsingenieure..., sowie alle
Verordnungen, die GUV'en und das** Mutterschutzgesetz
sind in jedem Bundesland gleichermaßen anzuwenden.
Länderverordnungen wie Länder Bau-Ordnungen, Technische
Richtlinien einer Baubehörde eines Landes usw. sind immer
den gesetzlichen Vorschriften nachgeordnet. Sie sollten, falls
erforderlich, vor Ort erfragt werden.

Gesetzliche Unfall- versicherung, GUV-Nr.:	Titel
DIN-EN 1729-1 und -2	Stühle und Tische für Bildungseinrichtungen, -1 Funktionsmaße, -2 sicherheitstechnische Anforderungen (gilt nicht für Arbeitsplätze von Lehrkräften).
GUV-V A1	Grundsätze der Prävention
GUV-V A2	UVV Elektrische Anlagen und Betriebsmittel
GUV-V A4	UVV Arbeitsmedizinische Vorsorge
GUV-V A6	UVV Fachkräfte für Arbeitssicherheit
GUV-V A7	UVV Betriebsärzte
GUV-V A8	UVV Sicherheits- und Gesundheitsschutzkennzeichnung am Arbeitsplatz
GUV-V B3	UVV Lärm
GUV-V C8	UVV Gesundheitsdienst
GUV-V S1	UVV Schulen
GUV-V S2	**Kindertageseinrichtungen**
GUV-I 510-3	Anleitung zur Ersten Hilfe bei Unfällen, Registerausführung
GUV-I 511-1	Verbandbuch DIN A5
GUV-I 512	Erste-Hilfe-Material
GUV-I 662	Sanitätsräume in Betrieben
GUV-I 8502	Bildschirmarbeitsplätze
GUV-I 8503	Der Sicherheitsbeauftragte
GUV-I 8504	Informationen für die Erste Hilfe bei Einwirken gefährlicher chemischer Stoffe
GUV-I 8519	Gesprächsführung für Sicherheitsbeauftragte (Faltblatt)
GUV-I 8524	Prüfung ortsveränderlicher elektrischer Betriebsmittel
GUV-I 8540	Druckschriften-Verzeichnis BUK-Regelwerk Sicherheit und Gesundheitsschutz
GUV-I 8542	Meldungen des Sicherheitsbeauftragten (Meldeblock)
GUV-I 8543	Bestellung zum Sicherheitsbeauftragten (Vordruck)
EG-Richtlinie 90/270	Sicherheit und Gesundheitsschutz bei der Arbeit an Bildschirmgeräten
GUV-I 8566	Aufkleber "Erste Hilfe"
GUV-I 8589	Beurteilung von Gefährdungen und Belastungen am Arbeitsplatz
GUV-I 8700	Gefährdungen und Belastungen am Arbeitsplatz
GUV-R 111	GUV-Regel Küchen
GUV-R 133	GUV-Regel Ausrüstung von Arbeitsstätten mit Feuerlöschern

GUV-R 1526	Tritte
GUV-R 1535	Sicherheitsregeln für Büro-Arbeitsplätze
GUV-R 181	Merkblatt für Fußböden in Arbeitsräumen und Arbeitsbereichen mit Rutschgefahr
GUV-R 189	GUV-Regel Benutzung von Schutzkleidung
GUV-R 190	GUV-Regel Benutzung von Atemschutzgeräten
GUV-R 195	GUV-Regel Benutzung von Schutzhandschuhen
GUV-SI 8009	Sicher und fit am PC in der Schule
GUV-SI 8014	Naturnahe Spielräume
GUV-SI 8016	Sichere Schultafeln
GUV-SI 8017	Außenspielflächen und Spielplätze
GUV-SI 8018	Giftpflanzen - Beschauen, nicht kauen
GUV-SI 8020	Notruf-Nummern-Verzeichnis (Schulen)
GUV-SI 8027	Mehr Sicherheit bei Glasbruch
GUV-SI 8051	Feueralarm in der Schule
GUV-SI 8065	Erste Hilfe in Schulen
GUV-SI 8066	Erste Hilfe in Kindertageseinrichtungen
GUV-SR 2001	Richtlinien für Schulen – Bau und Ausrüstung
GUV-SR 2002	Richtlinien für Kindergärten – Bau und Ausrüstung
GUV-V A8	Sicherheits- und Gesundheitsschutzkennzeichnung am Arbeitsplatz

Mutterschutzgesetz

Weitere Abkürzungen

ArbSchG.......Arbeitsschutzgesetz	
ArbStättV.....Arbeitsstätten-Verordnung mit **Abschnitte 6** für Maßnahmen zur **Gestaltung von BAP**.	
ASiG............Gesetz über Betriebsärzte, Sicherheitsingenieure und andere Fachkräfte für Arbeitssicherheit	
GefStoffV......Gefahrstoffverordnung (neu ab 12.2010)	
GUV..............Gesetzliche Unfallverhütungsvorschrift.	
KMK.............Kultusministerkonferenz der Länder	
PSA-BV........Verordnung.....persönlicher Schutzausrüstungen	
TRGS ....Technische Richtlinien für Gefahrstoffe	
UVV............ ..Unfall-Verhütungs-Vorschrift	
VStättVO Versammlungsstättenverordnung	

Die in **Rot** hervorgehobenen Vorschriften bzw. Bezeichnungen, z.B. AMD, MblSchul, TR-Schulen und VwHdbSchul, gelten nur für das Land Hamburg und haben keine besondere Bedeutung in Sachen Arbeitsschutz und Gesundheitsschutz an Schulen anderer Länder. Sie dienen hier der Information.

AMEV. Hinweise für Innenraumbeleuchtung, Arbeitskreis Maschinen- u. Elektrotechnik, Hamburg.	
AMD..... ... .Arbeitsmedizinischer Dienst, Hamburg	
IfL......... . .Institut für Lehrerfortbildung, Hamburg	
MblSchul... . Mitteilungsblatt für Schulen, (Hamburg)	
TR-Schulen.. Technische Richtlinien der Baubehörde Hamburg	
VwHdbSchul. Verwaltungshandbuch Schulen Hamburg	

Alarmplan an Kindergärten

a) Regelung für den Brandfall im Kindergarten und in der Verwaltung

Für den Brandfall sind Maßnahmen zu planen. Die bestehen hauptsächlich aus der Alarmierung und dem Wissen über die Rettungswege ins Freie. Dazu gehören:

- der Alarmplan mit einem Ablauf der zu treffenden Maßnahmen,
- Pläne über die Flucht- und Rettungswege und
- die richtigen Rettungsweg- und Brandschutzzeichen.

Empfohlene Maßnahme

Es sollten:
jeweils ein Alarmplan am Anfang von Fluren hängen,
jeweils mindestens ein Plan über die Flucht- und Rettungswege in Fluren hängen und
es sollten überall die richtigen Rettungswegzeichen, falls es sich einrichten lässt, in Fußbodenhöhe, nämlich außerhalb von Rauchbereichen, sonst oberhalb von Ausgangstüren und an Wänden von Treppenabsätzen, angebracht sein.

b) Die Notrufnummern von Polizei und Feuerwehr

Die Notrufnummern von Polizei und Feuerwehr sollten durch deutliche Hinweise immer dort zur Verfügung stehen, wo Notrufeinrichtungen vorhanden sind. Notrufeinrichtungen sollten z.B. eingerichtet und im Kindergarten stets erreichbar sein.

Empfohlene Maßnahme

In Verkehrs- und Rettungswegen sollte auf die nächste Notrufeinrichtung verwiesen werden.
Es sollten mindestens einmal jährlich Feuerschutzübungen mit dem Verlassen des Kindergartens und unter Aufsicht der Feuerwehr durchgeführt werden.

Allgemein

Störungen am Hausalarm, falls ein solcher vorhanden ist, sind sofort zu melden und sofort zu beheben. Auslöser/Melder für den Hausalarm, "Feuermelder", sind rot und in 1,5 m Höhe zu installieren.
Vgl.: GUV-V A1, § 2, 2. und 3. Abschnitt,
DIN 14675 (Instandhaltung).

Alarmplan, Muster I

 in der Fassung der Unfallverhütungsvorschrift „Sicherheits- und Gesund-
heitsschutzkennzeichnung am Arbeitsplatz" (GUV-V A8), Anhang 3

Vgl.: GUV-SI 8051, S. 8 (für Schulen und Kindergärten) und GUV-V A8,
Anhang 2 bzw. DIN 14096-1 (hier: keine Originalgröße).

Alarmplan
Ruhe bewahren

<u>Feuerwehr</u> bei Unfall, bei Feuer:	<u>Polizei</u> bei Überfall, bei Einbruch:
112	**110**

Eigene Telefon.Nr.:

Name des Anrufers.

Kindergarten/Kita:

WAS ist passiert.

Erste Hilfe:
Frau........
Herr....

Verbandskasten befindet sich in Raum.....

Arzt: Herr.Dr. Frau Dr.	Telef.: Telef.:

Krankenhaus:
Telef.:

s. Brandschutzordnung DIN-EN 14096-1

Arztraum (bzw. Raum mit Liegemöglichkeit zur Erstversorgung)

In Kindertageseinrichtungen hat der Unternehmer mindestens eine
geeignete Liegemöglichkeit oder einen geeigneten Raum mit
Liegemöglichkeit zur Erstversorgung von Verletzten vorzuhalten. Die
„Grundsätze der Prävention" verweisen auf die "Erste Hilfe". Die sollte
eingehalten werden.

Empfohlene Maßnahme
- Der Raum muss sich im Erdgeschoss befinden, damit er mit einer
Krankentrage leicht erreicht werden kann.
- Der Raum muss einen Erste-Hilfe-Kasten haben.
- Der Raum muss ein Notruftelefon mit Anschluss an eine öffentliche
Notrufzentrale haben.
- Der Raum sollte ein Waschbecken mit Kalt- und Warmwasser haben.
- Die Raumtemperatur sollte 22 ° C betragen.
- In dem Raum sollte eine Krankentrage gem. DIN-EN 13025 vorhanden
sein.
- Die Kennzeichnung der Eingangstür des Sanitätsraumes erfolgt mit dem
Klebeschild, GUV-V A8, E 03: "Weißes Kreuz auf grünem Grund"
Größe = 10 x 10 cm, s. S. 36
- Die Fensterscheiben des Sanitätsraumes müssen undurchsichtig sein.
Der Sanitätsraum ist eine wesentliche Vorbereitung auf den Notfall. Er sollte
vorschriftgemäß eingerichtet sein und nicht fremdgenutzt werden. Der
Notfall muss immer bedacht werden.
Vgl.: GUV-V A1, §2, 2. und 3. Abschnitt

Aufgaben der Einrichtungsleitung, Kindergarten, Zutritts- und Aufenthaltsverbote, Befahren von Kindergartenspielplätzen

Befahren von Spielplätzen mit Pkw oder Baufahrzeugen während der
Kindergartenzeit und Zutritts- und Aufenthaltsverbote
a) **Aufgaben der Einrichtungsleitung**
Auf Grund ihrer Stellung soll die Einrichtungsleitung alle organisatorischen
Maßnahmen ergreifen, um Gefährdungen im Kindergarten auszuschließen.
Empfohlene Maßnahme
- Der Arbeitgeber, das ist hier die Einrichtungsleitung, hat diejenigen
Beschäftigten zu benennen, die Aufgaben der Ersten Hilfe,
Brandbekämpfung und Evakuierung der Beschäftigten und der Kinder
übernehmen.
- Der Arbeitgeber, das ist hier die Einrichtungsleitung, kann
zuverlässige und fachkundige Personen schriftlich damit beauftragen, ihm
obliegende Aufgaben in eigener Verantwortung wahrzunehmen. Damit ist

insbesondere die Gefährdungsbeurteilung sowie deren Dokumentation entsprechend dem <u>ArbSchG</u> zu verstehen.
- An jeder Einrichtungsleitung ist wenigstens 1 Sicherheitsbeauftragter, eine Erzieherin oder ein Erzieher, für die Belange des Kindergartens schriftlich zu bestellen.

b) Befahren von Kindergartenspielplätzen mit Pkw oder Baufahrzeugen

Die Einrichtungsleitung sollte ein Verbot des Befahrens des Kindergartengeländes während der Kindergartenzeit aussprechen oder eine Trennung des Baustellenverkehrs vom Kindergartenfreigelände erwirken.

Empfohlene Maßnahme

Eine Absprache zwischen Einrichtungsleitung und der zuständigen Bauabteilung ist durchzuführen.

c) Zutritts- und Aufenthaltsverbote:

Der Unternehmer (hier die Einrichtungsleitung) hat dafür zu sorgen, dass unbefugte Dritte Betriebsteile nicht betreten, wenn dadurch eine Gefahr für Versicherte (Bedienstete und Kinder) entsteht.

Empfohlene Maßnahme

Während der Kindergartenzeit sollten z.B. keine Pkw das Kindergartengelände befahren oder dort abgestellt werden dürfen.
Vgl.: <u>GUV-V A1</u>, § 2, 2. und 3. Abschnitt, <u>ArbSchG</u> z.B. § 5, § 6, § 10(2) und § 13

Bildschirmarbeitsplatz, BAP, für Bedienstete und andere Mitarbeiter

BAP für Bedienstete sollen alles in allem den Sicherheitsregeln entsprechen. Nicht richtig eingerichtete BAP können sehr schnell zu körperlicher Überanstrengung, Nackenschmerzen und Kopfschmerzen fahren. Das soll vermieden werden. *BAP* zur Unterstützung der Arbeit z.B. in den Kindergartenbüros müssen der <u>ArbStättV</u> entsprechen.

Bei der richtigen Einrichtung von BAP dürfen keine Unterschiede an die Arbeitsplatzanforderungen gemacht werden.

Vgl.: <u>ArbStättV</u> Abschn. 6

a) Arbeitstisch

Der BAP-Arbeitstisch muss eine ausreichend große und reflexionsarme Oberfläche besitzen und eine flexible Anordnung der Arbeitsmittel zulassen. Manchmal ist der Tisch zu klein und seine Höhe von oft 78 und mehr cm lässt eine ergonomisch günstige Arbeitshaltung nicht zu. Die vorhandenen Tischplatte erzeugt auch zu oft störende Reflexionen, die nicht sein sollen.

Empfohlene Maßnahme
Der Drucker sollte möglichst auf einem Beistelltisch aufgestellt werden.
Es ist ein vorschriftsmäßiger Arbeitstisch mit einer reflexionsarmen
Oberfläche, einer Höhe von 72 cm und einer Fläche von (L x B) 1.600 mm
mind. 1.200 mm x 900 mm vorzusehen.

b) Beleuchtungsstärke
Zur Überprüfung einer ausreichenden Beleuchtungsstärke sollte die
Gesamtbeleuchtung abzüglich Tageslicht am Arbeitsplatz, z.B. durch die
Fachkraft für Arbeitssicherheit, gemessen werden. Dieser Wert liegt zu oft
erheblich unter dem Mindestwert von 300 lx. Die Beleuchtung am
Arbeitsplatz ist manchmal auch zu grell oder wird als solche empfunden und
nicht immer günstig zum BAP angeordnet.

Empfohlene Maßnahme
Die Beleuchtungsstärke kann in den meisten Fällen durch bauliche
Maßnahmen wesentlich verbessert werden. Es könnte z.B. eine zweite
Lampenreihe in den Zimmern angeordnet werden oder die vorhandenen
Lampen könnten tiefer abgehängt werden. Manchmal helfen stärkere
Leuchten.
Vgl.: GUV-R 1535, 4.1 1.1

c) Vorlagenhalter
Es fehlen häufig Vorlagenhalter.

Empfohlene Maßnahme
An jedem Arbeitsplatz ist ein Vorlagenhalter, höhen- und
neigungsverstellbar, vorzusehen.

d) Schreibmaschinentisch
Für die oft noch benutzte Schreibmaschine fehlt zu häufig ein Tisch mit
einer richtigen Höhe von 65 cm. Der Tisch ist sehr oft viel zu hoch.

Empfohlene Maßnahme
Es ist ein richtiger Schreibmaschinentisch mit einer Höhe von 65 cm
vorzusehen.

e) Reflexionen am Bildschirm
Grundsätzlich ist der Bildschirm immer so aufzustellen, dass die
Blickrichtung des Sitzenden über den Bildschirm hinaus parallel zum Fenster
verläuft. Durch das Sonnenlicht entstehen trotzdem zu oft Reflexionen am
Bildschirm, denen nicht ausreichend ausgewichen werden kann. Sie stören
erheblich beim Arbeiten. Die Aufstellung des Bildschirmes sollte parallel zum
Fenster erfolgen.

Empfohlene Maßnahme
Alle Fenster müssen mit einer geeigneten verstellbaren
Lichtschutzvorrichtung ausgestattet sein, durch die sich die Stärke des
Tageslichteinfalls auf den Arbeitsplatz vermindern lässt. Dafür eignen sich
Senkrechtlamellen besonders gut.

f) Beleuchtungswirkungsgrad von Räumen
Hinweise für die Innenraumbeleuchtung mit künstlichem Licht in
öffentlichen Gebäuden sind durch die Vorgaben der DIN-EN 5035, Teil 1

und 2 gegeben. Demnach sollen Räume grundsätzlich **hell** gestaltet werden. Hell heißt, dass von allen Wänden, Decken und dem Fußboden das Licht nur zum Teil "verschluckt" werden darf. Man beschreibt so genannte Reflexionsgrade. Die sollen bei: der

- Decke 70 %
- Wand im Mittel 50 % und
- Nutzebene bzw. Fußboden 20% betragen.

Empfohlene Maßnahme
Die Decken, Wände und der Fußboden sollen mit hellen, lösemittelfreien und emissionsfreien Farben gestrichen werden. Der Reflexionsgrad der Anstriche soll die vorstehenden Werte nicht unterschreiten. Da sehr oft durch Schränke und andere Möbel und deren Schattenbildung die angestrebte Heiligkeit eines Raumes nicht eingehalten werden kann, sollte erfahrungsgemäß nicht nur der Reflexionsgrad der Decke sondern auch der der Wände des Raumes 70 % betragen.

g) **Elektrische Aufladungen**
In den Büroräumen ist häufig für alle Personen eine elektrostatische Aufladung spürbar. Die "Sicherheitsregeln für Bildschirmarbeitsplätze" verweisen auf die "Sicherheitsregeln für Büroarbeitsplätze". Dort heißt es: "Für den Menschen spürbaren elektrischen Aufladungen ... ist entgegenzuwirken."

Empfohlene Maßnahme
Es sollten geeignete Maßnahmen gegen spürbare elektrostatische Aufladungen durchgeführt werden. Eine Erhöhung der relativen Luftfeuchte z.B. kann wegen der Fenster, Türen und wahrscheinlich wegen der nicht sichergestellten Hygiene, die mit Verteilen von Feuchtigkeit im Raum verbunden ist, nicht durchgeführt werden. Der Stand der Technik erlaubt das Verlegen leitfähiger Bodenbeläge bzw. Bodenbeläge, die sich elektrostatisch nicht aufladen. Der vorhandene Bodenbelag sollte gegen einen nicht leitfähigen ausgetauscht werden. Ein Teppichbodenbelag sollte nicht auf vorhandenes Linoleum bzw. vorhandenen PVC-Kunststoffbelag verlegt werden. Kleber und Teppich sollten schadstoff- und lösemittelfrei sein!

h) **Bürodrehstühle**
Häufig sind die benutzten Stühle (z.B. Konferenzstühle) ungeeignet. Das sind Stühle ohne geeignete Rückenlehnenverstellung, wie in der DIN-EN 4551 beschrieben, oder ohne Rollen oder ohne selbstbremsende Räder wie in der DIN-EN 68131 beschrieben. Sie entsprechen nicht dem "Stand der Technik".

Empfohlene Maßnahme
Es sind richtige Bürodrehstühle entsprechend den Büromöbelausschreibungen zu beschaffen. Diese erfüllen alle ergonomischen Anforderungen zur rückengerechten Sitzhaltung.

Die Stühle sollten fünfstrahlig mit Rollen und gepolstertem Sitz sowie gepolsterter Lehne sein. Sie sollten Sitzhöhenverstellung, einstellbare Rückenlehne und, wenn erforderlich, Armlehnen haben.
Vgl.: GUV-R 1535, ArbSchG und ArbStättV Abschn. 6.

Allgemein:
i) Untersuchung der Augen
Den Beschäftigten am BAP soll vor Aufnahme der Tätigkeit und bei Auftreten von Sehbeschwerden am BAP eine angemessene Untersuchung der Augen und des Sehvermögens angeboten werden.
k) Umfang der Bildschirmarbeit
Die ArbStättV beschreibt:
Der Arbeitgeber hat die Tätigkeit der Beschäftigten so zu organisieren, dass die tägliche Arbeit an Bildschirmen regelmäßig durch andere Tätigkeiten oder durch Pausen unterbrochen wird, die jeweils die Belastung durch die Arbeit am Bildschirm verringern.

Bauliche Maßnahmen, Bestellung von Geräten, z.B. VDE-Prüfzeichen

---

Bei der Bestellung von Geräten, ob elektrisch, motorisch oder mechanisch betrieben, Rasenmäher, Werkzeug, Kücheneinrichtung bzw. Küchenmöbel, Sportgerät, Schaukel oder Spielzeug, sollte immer die Forderung nach einem VDE-Prüfzeichen (für Elektrogeräte) bzw. das Einhalten des Geräte- und Produktsicherheitsgesetzes und der Unfallverhütungsvorschriften verlangt werden.
Vor Beginn einer Baumaßnahme sollte Rücksprache mit der zuständigen Bauabteilung erfolgen. Das wird damit begründet, dass sämtliche Bauaufträge bestimmte Bedingungen erfüllen müssen. Die sind aber zu häufig der Kindergartenleitung im Einzelnen nicht bekannt.

Empfohlene Maßnahme

• Bauzeichnungen und Leistungsverzeichnisse sollten z.B. **deutliche** Hinweise auf die Einhaltung der DIN, VDE und GUV'en (Unfallverhütungsvorschriften) haben.

• Farben für innen und außen und Kleber, z.B. für Teppiche, sollten immer emissions- und lösemittelfrei sein. Solche Produkte sind umweltfreundlich und haben oft das Zeichen **e.l.f.**

• Teppiche und Vorhänge müssen schwerentflammbar und emissionsfrei sein.

• Bei der Vergabe von Aufträgen und dem Koordinieren von Arbeiten ist die GUV-V A1, entsprechend einzuhalten. Es sind dem Auftragnehmer z.B. schriftlich die einzuhaltenden Bedingungen mitzuteilen und der Auftraggeber hat eine Person zu bestimmen, die die Arbeiten aufeinander abstimmt.

- Für Anstricharbeiten und z.b. für Bodenbelagarbeiten sowie für kleine Baumaßnahmen, gelten immer besondere VOB-Konditionen und Ausschreibungsunterlagen der Träger des Kindergartens. Vgl.: GUV-V A1, 2. und 3. Abschnitt und Geräte- und Produktsicherheitsgesetz

Blitzableiter am Kindergartengebäude

Oft liegen die Blitzableiter an verschiedenen Stellen an den Kindergartengebäuden nicht "plan" am Mauerwerk, wie es sein sollte, um Kinder am Klettern daran zu hindern. Das darf dann so nicht bleiben.

Empfohlene Maßnahme

Fallleitungen von Blitzschutz- und Erdungsanlagen sind mit Klemmblöcken ohne Abstand auf die Wand zu legen. Verschraubungen im Handbereich müssen zur Wand zeigen. Es reicht in der Regel aus, wenn diese Bedingungen bis in eine Höhe von 2,0 m eingehalten werden.

Vgl.: GUV-SR 2002, 2.1

Bodenbeläge

Bodenbeläge stellen eine immer wiederkehrende Rutsch- und Verletzungsgefahr für Kinder dar. Zu häufig werden rutschende Teppiche im Innenbereich benutzt und z.B. der äußere Spielbereich ist mit grobem Kies aufgeschüttet. Das darf nicht sein.

Empfohlene Maßnahme

Für Fußböden sind Bodenbeläge mit rutschhemmenden Eigenschaften zu verwenden.

Im Außenbereich sind polierte Kunststeine und Materialien mit ähnlich glatter Oberfläche ungeeignet.

Als Bodenbeläge sind solche Materialien zu verwenden, die Verletzungsfolgen von Stürzen gering halten.

Im Außenbereich ist z.B. Rasen geeignet.

Nicht geeignet sind z.B. Splitt-, Schlacken- und Grobkiesbeläge.

Vgl.: GUV-SR 2002, 2.3.

Büroarbeitsplatz im Sekretariat *(kein BAP)*

Der Büroarbeitsplatz im Sekretariat soll ergonomisch richtig gestaltet sein und den sicherheitstechnischen Anforderungen entsprechen. Das ist nicht überall der Fall. Nicht richtig eingerichtete Büroarbeitsplätze können gesundheitliche Beeinträchtigungen der dort arbeitenden Person zur Folge haben und sie schränken zu oft ein organisiertes Arbeiten erheblich ein.

a) Beleuchtungsstärke

Häufig reicht die Beleuchtungsstärke am Arbeitsplatz nicht aus. Zur Überprüfung sollte die Gesamtbeleuchtung abzüglich Tageslicht gemessen werden. Dieser Wert liegt zu oft erheblich unter dem Mindestwert von 300 lx. Die Arbeitsplatzbeleuchtung sollte dann verbessert werden.

Empfohlene Maßnahme

Die Beleuchtung am Arbeitsplatz kann z.B. durch eine zweite Lampenreihe in den Zimmern oder durch abgehängte Lampen wesentlich verbessert werden.

Vgl.: GUV-R 1535, 4.11.1

b) Bürodrehstühle

Die benutzten Stühle sind sehr oft ungeeignet. Es werden z.B. Stühle, Konferenzstühle, ohne geeignete Rückenlehnen-verstellung, wie in der DIN-EN 4551 beschrieben, oder

ohne Rollen oder ohne selbstbremsende Rädern wie in der DIN-EN 68131 beschrieben, benutzt. Das entspricht nicht dem "Stand der Technik". Die vorhandenen Stühle sollten dann ersetzt werden.

Empfohlene Maßnahme

Es sollten richtige Bürodrehstühle neu beschafft und benutzt werden. Die Stühle sollten fünfstrahlig mit Rollen und gepolstertem Sitz sowie gepolsterter Lehne sein. Sie sollten Sitzhöhenverstellung, einstellbare Rückenlehne und möglicherweise Armlehnen haben.

Vgl.: GUV-R 1535

Elektrische Betriebsmittel, Prüfung nicht ortsfester und ortsfester...

Es kann nicht mit Sicherheit gesagt werden, dass bei allen ortsfesten und nicht ortsfesten elektrischen Betriebsmitteln die regelmäßige Prüffrist eingehalten wurde bzw. wird. Sie stellt eine große Sicherheit für die Benutzer dar. Nicht ortsfeste elektrische Betriebsmittel sind z.B.:

Verlängerungskabel, Dia-, Film- und Tageslichtprojektoren,

Ortsfeste elektrische Betriebsmittel sind z. B.:

Steckdosen, Gasthermen mit 230 V-Anschluss und Verteilerkästen.

Empfohlene Maßnahme

• Nicht ortsfeste elektrische Betriebsmitte sind alle **12** Monate zu überprüfen. Die nicht ortsfesten elektrischen Betriebsmittel der

Verwaltungsräume ("Bürobetriebe") hingegen brauchen nur alle **24** Monate überprüft zu werden. Hierfür kann jeder Person ohne weitere Vorkenntnisse eine Unterweisung vermittelt werden.

• Ortsfeste elektrische Betriebsmittel sind von einer Fachfirma alle vier Jahre nach der ersten Inbetriebnahme zu überprüfen. Für die Überprüfung ortsfester elektrischer Betriebsmittel an Kindergärten sollten Kostenvoranschläge über die Kindergartenleitung eingeholt werden. Die Angebote müssen ausdrücklich der GUV-V A2 entsprechen. Diese Unfallverhütungsvorschrift schließt alle VDE ein. Als Anbieter käme z.b. der TÜV in Frage.

Vgl.: GUV-V A2, GUV-I 8524

Elektrische lose Leitungen

Zum Anschluss von elektrischen Maschinen und Geräten und z.b. PC's laufen viel zu häufig elektrische Leitungen lose über den Fußboden. Das ist eine erhebliche Stolpergefahr.

Empfohlene Maßnahme

Entweder sollte einfach die Anzahl der elektrischen Steckdosen an geeigneter Stelle erhöht werden oder es sollte die Möglichkeit eines von der Zimmerdecke herabhängenden Steckdosencontainers geprüft werden oder die elektrische Zuleitung sollte unterhalb des Fußbodens z.b. an die Maschine, die fest montiert sein muss, herangeführt werden oder die vorhandene elektrische Zuleitung sollte in einem auf dem Fußboden befestigten, beidseitig angeschrägten Kabelkanal sicher und fachmännisch verlegt werden.

Vgl.: GUV-V A1, 2. und 3. Abschnitt.

Erste-Hilfe-Kasten

Die Unfallverhütungsvorschrift beschreibt, *"dass das zur Leistung der Ersten Hilfe erforderliche ... Erste-Hilfe-Material ... zur Verfügung steht."* Dazu gehört, dass die Erste-Hilfe-Kästen vorschriftsmäßig eingerichtet sind und dass ein Verbandbuch geführt und über 5 Jahre aufbewahrt wird. Das Führen des Verbandbuches ist intern zu regeln. Z.B. sollte derjenige die Eintragung machen, der auch die "Erste Hilfe" leistet.

Empfohlene Maßnahme

Die Erste-Hilfe-Kästen (DIN-EN 13157-C, kleiner Kasten, bzw. DIN-EN 13169-E, großer Kasten) sind auf ihren Inhalt zu überprüfen.

Die Anzahl und die Größe der Erste-Hilfe-Kästen ist festgelegt. Es sollte praxisnah verfahren werden, d.h. grundsätzlich reichen "kleine Verbandkästen" aus.

Die Erste-Hilfe-Kästen sollen möglichst nahe am möglichen Unfallort aufbewahrt werden. Das sind vorrangig: **Arztraum, Gruppenraum und z.B. Küche.**

Zum richtigen Auffüllen bzw. Nachfüllen vorhandener Erste-Hilfe-Kästen sollte mit dem "Merkblatt für Erste-Hilfe-Material" verglichen werden. Die Warenabforderung erfolgen:

für Erste-Hilfe-Kasten gem. DIN-EN 13157 C,

für Füllung gem. DIN-EN 13157 C,

Die Kennzeichnung der Schränke mit den Erste-Hilfe-Kästen und der Türen, die zu den Räumen mit den Erste-Hilfe-Kästen führen, erfolgt mit Klebeschildern,

Größe = 10 x 10 cm, Best.-Nr. GUV-V A8, "Weißes Kreuz auf grünem Grund". Diese, das "Merkblatt für Erste-Hilfe-Material" und das Verbandbuch sind kostenlos z.B. bei den Landesunfallkassen und den Unfallkassen der Länder erhältlich:

Vgl.: <u>GUV-V A1</u>, „ Grundsätze der Prävention", 2. und 3. Abschnitt, GUV-I 511-1. und GUV-I 512, S. 4 und 5 (Inhalt der Verbandkästen).

Ersthelfer

Es sollte die Ausbildung von allen Erzieherinnen und Erziehern zu Ersthelfern erfolgen. Die Ausbildung von wenigen Erzieherinnen und Erziehern reicht nicht aus. Die Erste Hilfe ist während der Anwesenheit von Kindern sicherzustellen. "Der Unternehmer hat dafür zu sorgen, dass ...bei bis zu 20 anwesenden Versicherten ein Ersthelfer," zur Verfügung steht. Insbesondere ist die Erste Hilfe sicherzustellen in/bei: *Kindergartenaufenthaltsräumen und Ausflügen, Wanderungen mit einer Kindergartengruppe.* Hilfsorganisationen bieten diese Ausbildung an. Die Ersthelfer sollen dabei alle 2 Jahre an einem Lehrgang teilnehmen. Die Unterweisungen in den Sofortmaßnahmen am Unfallort (Fahrzeugführerschein) reichen hierfür nicht aus.

Empfohlene Maßnahme

Der Arbeitgeber, das ist hier die Einrichtungsleitung, *hat diejenigen Beschäftigten zu benennen, die Aufgaben der Ersten Hilfe, Brandbekämpfung und Evakuierung aller Personen übernehmen.* Es sollte die Bereitschaft aller Erzieherinnen und Erziehern zur Ausbildung zu Ersthelfern erreicht werden.

Vgl.: <u>GUV-V A1</u>, „Grundsätze der Prävention", 2. und 3. Abschnitt bzw. GUV-SI 8064, GUV-SR 2003, 11 und <u>ArbSchG</u> § 10(2) sowie GUV-SI 8066.

Brandgefahr, Feuergefahr, Gefahr von Entstehungsbränden

Brandgefahr, Feuergefahr
Die Feuergefahr in Kindergärten wird viel zu häufig unterschätzt. Ein Auszug aus einem Besichtigungsprotokoll einer Feuerwehr schildert drastisch vorgefundene Zustände:
"...wurde festgestellt, dass in den meisten Räumen Adventsgestecke mit Kerzen vorhanden sind. Die Kerzen sind ohne Schutz in die Gestecke gesteckt. Auch sind diverse Kerzen vorhanden, die in brennbaren Kerzenhaltern stehen oder es sind über Kerzen Kunststoffblumenringe gezogen und viele Kerzen stehen ohne Schutz auf den hölzernen Tischen. In den Räumen stehen leichtbrennbare Schaumstoffpolstermöbel und es sind große Mengen brennbares Material vorhanden......
Es ist erschreckend mit wie viel Leichtsinn hier mit dem Leben der Ihnen anvertrauten Kinder umgegangen wird. Es ist hier dringend und umgehend Abhilfe zu schaffen. Wenn dem Erziehungspersonal die simpelsten Brandschutzmaßnahmen nicht bekannt sind, sollte dies durch die Einrichtungsleitung behoben werden, damit auch den Kindern vermittelt werden kann, was im Umgang mit offener Flamme im vorbeugenden Brandschutz zu beachten ist...."

Gefahr von Entstehungsbränden
Viel zu häufig herrscht in Räumen eine sehr hohe Brandlast, die durch zu viele aufbewahrte brennbare Gegenstände entsteht. Die Feuergefahr ist unter diesen Umständen sehr groß.

Empfohlene Maßnahme
- Die Brandlast, das sind alle brennbaren Gegenstände in einem Raum, sollte in so gering wie möglich gehalten werden.
- Es sollten keine brennenden Kerzen in den Räumen verwendet werden, Gestecke sollten ohne Kerzen verwendet werden.
- Jede brennende Kerze muss beim Verlassen der Aufsichtsperson des Raumes gelöscht werden. Keine Kerze darf unbeaufsichtigt brennen.

Vgl.: GUV-V A1, 2. und 3. Abschnitt.

Ein-Aus-Taster (keine Not-Aus-Schalter) für Arbeitsbereiche ...

In den Arbeitsbereichen: *Küchen und Küchenzeilen und Kindergärten*
sind die E-Herde und Steckdosen bzw. nur die Steckdosen der elektrischen
Arbeitsbereiche jeweils mit einem zentralen Ein-Aus-Taster mit roter
Kontrollleuchte und Schlüsselschalter einzurichten. Sie fehlen häufig.
Außerdem müssen sie mit Fehlerstrom-Schutzeinrichtungen (RCDs)
versehen sein. Fehlerstrom-Schutzeinrichtungen (RCDs) fungieren als
Schutzorgane für die Steckdosenbereiche.

Empfohlene Maßnahme
• Die Ein-Aus-Taster mit roter Kontrollleuchte und Schlüsselschalter
(keine Not-Aus-Schalter) sind einzurichten.
• Das Vorhandensein der Fehlerstrom-Schutzeinrichtungen (RCDs),
30 mA, ist zu überprüfen.
Vgl.: DIN VDE 0664

Einfriedung des Kindergartengeländes

Kinder können sich nahezu überall im Gelände aufhalten. Die Richtlinien für
den Bau von Kindergärten verlangt:
• Der Aufenthaltsbereich auf dem Grundstück muss eingefriedet sein.
• Einfriedungen müssen mindestens 1 m hoch sein. Sie sind so zu
gestalten,
• dass Klettern daran erschwert wird.
• Spitzen und scharfe Kanten sind an und auf Einfriedungen nicht
zulässig.
• *Stacheldraht, Dornenhecken u.Ä. dürfen nicht verwendet werden.*
Das wird an vielen Kindergärten nicht eingehalten. Das Gelände ist zu
häufig an vielen Stellen mit Stacheldraht gesichert. Es besteht eine
erhebliche Verletzungsgefahr. Die Einrichtungsleitung kann so ihrer
Verantwortung für die Unfallverhütung nicht nachkommen.
Empfohlene Maßnahme
Der Stacheldraht und die möglicherweise hochragenden Spitzen der
Zaunpfähle sind zu entfernen.
Vgl.: GUV-SR 2002, 3.3

Fehlerstrom-Schutzeinrichtungen (RCDs)

Fehlerstrom-Schutzeinrichtungen (RCDs) fehlen häufig. Sie haben eine wichtige Schutzfunktion für bestimmte Steckdosenbereiche und sind in nachstehenden Bereichen unbedingt vorzusehen.

a) Wasch- und Duschräume
In **Wasch- und Duschräumen** sind Stromkreise mit Steckdosen über Fehlerstrom-Schutzeinrichtungen (RCDs) abzusichern. Diese Schutzeinrichtungen müssen ebenfalls vorhanden sein.
Empfohlene Maßnahme
Die Fehlerstrom-Schutzeinrichtungen (RCDs), 30 mA, sind, falls sie fehlen, nachzurüsten.

b) Küchen und Küchenzeilen
Küchen und Küchenzeilen sind über Fehlerstrom-Schutzeinrichtungen (RCDs)abzusichern. Diese Schutzeinrichtungen müssen vorhanden sein.
Empfohlene Maßnahme
Die Fehlerstrom-Schutzeinrichtungen (RCDs), 30 mA, sind, falls sie fehlen, nachzurüsten.
Vgl.: GUV-V A1, 2. und 3. Abschnitt und DIN VDE 0664.

Feuerlöscher

Die Anzahl der Feuerlöscher in Kindergärten ist nach der geltenden Vorschrift oftmals nicht mehr ausreichend. Die neue Vorschrift, DIN EN 3, beschreibt Löschmitteleinheiten, LE. Die LE richten sich nach der Brandgefährdung und der Grundfläche des zu schützenden Bereiches.
a) Große Brandgefährdung
Die Brandgefährdung wird in vielen Bereichen als *groß* eingestuft. Es sind z.B. in einem Raum bis zu 50 m²; Größe bis zu 3 Stck. 6 kg-ABC-Pulverfeuerlöscher und in einem Raum
von 50 m²; bis 100 m²; Größe bis zu 4 Stck. 6 kg-ABC-Pulverfeuerlöscher vorzusehen.
b) Mittlere Brandgefährdung
Die Brandgefährdung wird z.B. in den Bereichen: **Büro bzw. Verwaltung, Hauswirtschaft und Küchen** als *mittel* eingestuft. Es sind z.B. in einem Raum von 50 m²; bis 100 m²; Größe bis zu 3 Stck. 6 kg-ABC-Pulverfeuerlöscher vorzusehen.
c) Geringe Brandgefährdung
Die Brandgefährdung wird z.B. in den Bereichen: **Flure, Näräume und Räume in Bühnennähe und Gruppenräume in Kindergärten** als *gering* eingestuft. Bei geringer Brandgefährdung sind Feuerlöscher der Brandklasse A vorzusehen. In Kindergärten werden dafür z.B. 10 Lit.

Wasserfeuerlöscher in entsprechender Anzahl von der Feuerwehr bevorzugt und festgelegt.

Empfohlene Maßnahme

Die sich neu ergebenden richtigen Feuerlöscher sollten nachgerüstet werden.

Als Faustregel sollte zunächst gelten:

- Alle 1,5 kg bzw. 2 kg-CO_2-Feuerlöscher sollten entfernt werden.
- Feuerlöscher müssen an gut sichtbarer und leicht zugänglicher Stelle und in Griffhöhe von ca. 1,5 m angebracht sein.
- Jeweils ein Feuerlöscher, insbesondere in den Fluren, muss gesehen werden können und der Abstand zwischen ihnen sollte nicht mehr als höchstens 30 m betragen,

Vgl.:, GUV-V A1, § 2, 2. und 3. Abschnitt, und GUV-R 133. Rat erteilt die Feuerwehr.

Flucht- und Rettungswege,

In kaum einem Kindergarten bzw. einer Kita. befinden sich Aushängepläne über die Flucht- und Rettungswege. Sie richten sich auch an Personen, denen über ihre allgemeinen Pflichten hinaus besondere Aufgaben im Brandschutz übertragen sind.

Empfohlene Maßnahme

Aushängepläne über die Flucht- und Rettungswege sind nach Vorschrift zu erstellen. Rat erteilt die Feuerwehr.

Vgl.: DIN 14096-2. GUV-SI 8051 (z.B. für Schulen und Kindergärten) bzw. DIN 14096-2.

Flucht- und Rettungswege, Muster I

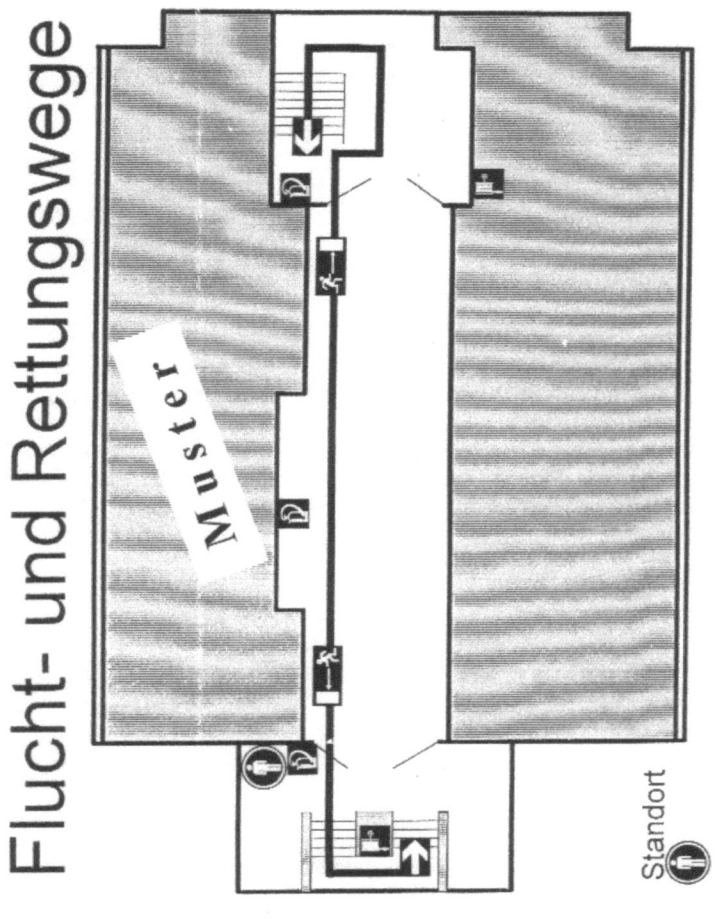

Vgl.: DIN 14096-2

Flucht- und Rettungswege, Muster II

Ausschnitt aus Teil B einer Brandschutzordnung nach DIN 14 096-2

Vgl.: GUV-SI 8051, S. 10 (z.B. für Schulen und Kindergärten) bzw. DIN 14096-2

Garderobenhaken, Waschtisch- und Toilettenbeckenaufhängungen

In Kindergärten sind häufig Garderobenleisten angebracht, deren Haken in den Raum ragen. Das darf nicht sein. Sie bilden eine Verletzungsgefahr. Garderobenhaken müssen abgeschirmt sein, z. B. durch vorgelagerte Schutzleisten. Zu oft sind die Haken vorgelagert.
Die Garderobenleisten, die Waschtische und Toilettenbecken sind zu selten in kindgerechter Höhe angebracht. Dadurch ergeben sich Verletzungsgefahren, weil die Kinder zum Erreichen der höheren Ebene keine sicheren Aufstiege benutzen können. Diese werden z.b. durch leere Brausekästen ersetzt.

Empfohlene Maßnahme
Die vorhandenen Garderobenleisten sollten, falls erforderlich, gegen vorschriftsmäßige ausgewechselt werden.
Garderobenleisten, Waschtische, Toilettenbecken und Bedürfnisstände sollten in kindgerechter Höhe angebracht werden. Die sind:
- Garderobenhaken etwa 1,10 m,
- Waschtische etwa 0,6 m,
- Toilettenbeckenaufhängung etwa 45 cm über dem Fußboden; und
- Bedürfnisstände für Jungen ca. 0,5 bis 0,6 m vom Fußboden bis zur Beckenöffnung.

Vgl.: GUV-SR 2002, 2.10.1 sowie GS/CE-geprüfte Garderobenleisten.
Toilettenbeckenaufhängung für Kindergärten/ Kindertagesstätten/ Schulen usw. s. VDI 6000 Blatt 6.

Gefahr durch "frittieren" auf der Herdplatte in einer Kindergartenküche, "Pädagogischer Mittagstisch"

a) Gefahr durch "frittieren " auf der Herdplatte in einer Kindergartenküche.

Es kommt immer wieder vor, dass Speiseöl, z.B. Pflanzenfett, Sonnenblumen- oder Olivenöl in einem Kochtopf auf der Herdplatte erhitzt wird. Dadurch kann eine nicht mehr zu kontrollierende Hitze in der Flüssigkeit entstehen. Die kleinste Menge nachgeschütteten kalten Fettes, das Hineinhalten des Gargutes oder im schlimmsten Fall das Hineinschütten von Wasser, kann eine schlagartige Explosion der erhitzten Flüssigkeit zur Folge haben. Schwerste Verbrennungen bzw. Verbrühungen der sich in der Nähe aufhaltenden Personen können dann die Folge sein.

Empfohlene Maßnahme

Beim Erhitzen von Speisefett **soll** von Anfang an eine große, rohe Kartoffel in das kalte Fett gelegt werden.

Das Erhitzen von Fett auf einer Herdplatte, um zu "frittieren", ist grundsätzlich zu verbieten. Möglicherweise soll auf eine Gaskartusche oder einen Spiritusbrenner ausgewichen werden. Auch diese beiden Wärmequellen sind in Kindergärten, wegen anderer erheblicher Gefahrenquellen, grundsätzlich zu verbieten. *Heißes Fett darf niemals mit Wasser gelöscht werden!!*

b) "Pädagogischer Mittagstisch", Essen im Kindergarten

Das Amt für Technischen Umweltschutz in Hamburg hat mit seinem Schreiben vom 27. Okt. 1992 folgende Stellungnahme abgegeben:

Gemäß DIN 1986 (Entwässerungsanlagen für Gebäude und Grundstücke) Teil 1 Abschnitt 8.7.1 sind in Betrieben, in denen fetthaltiges Abwasser anfällt, Fettabscheider nach DIN 4040 einzubauen. Dies gilt unter anderem für Küchenbetriebe, Verpflegungsstätten und Essenausgabestellen. Die Erfahrungen haben jedoch gezeigt, dass bei Essenausgabestellen, bei denen keine eigene Essenzubereitung erfolgt, z.B. durch eine Großküche angeliefert wird und denen die Essenreste sorgfältig anderweitig entsorgt werden, ein Fettabscheideranlage erst bei einer Ausgabe von mehr als 50 Essen pro Tag sinnvoll und erforderlich ist.

Empfohlene Maßnahme

Solange die Essensausgabe unter 50 Essen pro Tag liegt und die Essenreste sorgfältig anderweitig entsorgt werden, ist ein Fettabscheider nicht erforderlich. Erst bei einer Ausgabe von mehr als 50 Essen pro Tag ist ein Fettabscheider in der Entwässerungsanlage sinnvoll und erforderlich. Vgl.: GUV-V A1, 2. und 3. Abschnitt 4.

Gefährliche Flüssigkeiten, Aufbewahrung in Lebensmittelbehältern

Oft werden gefährliche Flüssigkeiten, Reinigungsmittel, Verdünner, in Behältnissen aufbewahrt, die für Lebensmittel geeignet sind. Lebensgefährliche Verwechslungen sind möglich!!

Empfohlene Maßnahme

- Gesundheitsgefährliche Flüssigkeiten in Gefäßen, die für die Aufbewahrung von Lebensmitteln (z.B. in originalen Marmeladengläsern oder Brauseflaschen) vorgesehen sind, sind restlos zu entsorgen.
- Die Aufbewahrung von gefährlichen Stoffen erfolgt am besten in den Originalgefäßen; die Aufbewahrung von abgefüllten Mengen und von sauberen oder 'Wasch-' Restmengen sollte nur in neutralen, unverwechselbar beschrifteten Behältern erfolgen. Vgl.: GUV-V A1, 2. und 3. Abschnitt.

Giftpflanzen in Kindergärten/ auf Kinderspielplätzen

Aus aktuellem Anlass gebe ich folgendes Schriftwechsel mit einem Verantwortlichen wieder:
Ich habe eine Anpflanzung einer Lebensbaumhecke ... auf dem Gelände des hiesigen Kinderschutzbundes ... aus ökologischer Sicht und aus der Sicht des Vergiftungsrisikos (Hinweis auf Aussagen der Giftzentralen) kritisiert und empfohlen, unproblematische heimische Gehölze anzupflanzen. Auf dem Gelände spielen auch Kleinkinder bzw. werden dort betreut. Dabei habe ich auch auf die möglichen Haftungsrisiken hingewiesen. .....

Empfohlene Maßnahme
Die beschriebenen Umstände werden ziemlich eindeutig von den Gesetzlichen Unfallverhütungsvorschriften beschrieben. Die bewusste Anpflanzung von Giftpflanzen in einem solchen Gelände könnte mit der entsprechenden Sorgfalt, also z.B. mit Hinweisschildern für Aufsichtspersonen, erfolgen. Dafür gibt es aber keinen Grund. Die GUV-SI 8014 schließt nur 4 Giftpflanzen aus.
Die Entscheidung, was angepflanzt wird, liegt ganz allein beim Betreiber.
Vgl.: GUV-SI 8017, Außenspielflächen und Spielplatzgestaltung und GUV-SI 8014, Naturnahe Gestaltung, Pflanzen.

Heißwassergeräte

In den Kindergärten befinden sich Heißwassergeräte, die von den Kindern benutzt werden müssen. Das heiße Wasser kann möglicherweise zu heiß, d.h. mit über 45°C, entnommen werden.
Empfohlene Maßnahme
Die Wassertemperatur an der Entnahmestelle, die Kindern zugänglich ist, darf nicht mehr als 45 ° C betragen. Dabei sollte die Vorlauftemperatur nicht unter 60 ° C liegen.
Es muss eine leichte, gefahrlose Bedienung sichergestellt werden.
Vgl.: GUV-SR 2002, 4.2.2.

Heizkörper

Die Heizkörper, oft noch scharfkantige Rippenheizkörper, in den
Aufenthaltsräumen stehen sehr oft frei vor den Wänden. Es herrscht große
Verletzungsgefahr. Die Erzieherinnen und Erzieher können ihrer
Aufsichtspflicht nicht nachkommen. Installationsteile sind so anzuordnen,
dass Verletzungsgefahren vermieden werden. Das ist so nicht
gewährleistet.

Empfohlene Maßnahme
Die Heizkörper müssen in Nischen untergebracht oder bis zu einer Höhe
von mindestens 1,0 m bzw. 1,5 m umwehrt werden. Rippenheizkörper
sollten vermieden werden.
Vgl.: GUV-SR 2002, 2.10.1, 2.9.1, 2.1.1 sowie 4.1.2

Heizkörperthermostatventile im ganzen Kindergarten

Oft fehlen in vielen Heizkörpern die Thermostatventile. Die vorhandenen
Absperr- bzw. Öffnungsventile lassen ein gleichmäßiges Regeln der
Raumtemperatur nicht zu. Sie sind außerdem unwirtschaftlich.

Empfohlene Maßnahme
Alle Heizkörper sollten mit Thermostatventilen versehen werden. Sie
sollten außerhalb von Aufenthaltsräumen individuell bedienbar sein. So
wäre eine gleichmäßige, gesundheitlich zuträgliche Raumtemperatur
zuverlässig sicherzustellen.
Vgl.: ArbStättV § 6 (2)

Kindersicherung an Steckdosen

Häufig sind Steckdosen ohne die erforderlichen Kindersicherungen. Das
darf nicht sein. Für spielende Kinder besteht die Gefahr einen elektrischen
Schlag zu bekommen.

Empfohlene Maßnahme
Alle Steckdosen müssen mit einer Kindersicherung versehen sein.
Vgl.: GUV-SR 2002, 5.1

Kopierer im Sekretariat

Im Raum der Sekretärin steht häufig ein Kopierer, der dauernd benutzt
werden muss. Dadurch entsteht eine erhebliche Unruhe. Der Grundsatz,
Kopierer nicht in Arbeitsräumen sondern nur in gut belüfteten
Nebenräumen aufzustellen, wird hier nicht eingehalten.

Empfohlene Maßnahme

Der Kopierer sollte aus dem Raum entfernt und woanders aufgestellt werden.
Dabei handelt es sich nicht nur um ein organisatorisches Problem. Der Arbeitsbereich der Sekretärin sollte unbedingt freigehalten werden von allen vermeidbaren Situationen, die zu Stress führen können.
Dazu gehört auch die dauernde Benutzung des Kopierers. Stress ist immer die Folge von Überlastung. Kopierer sollen nicht in Arbeitsräumen sondern nur in gut belüfteten Nebenräumen aufgestellt werden.
Vgl.: Arbeitsschutzgesetz, § 5 (3)

Küchenzeile im Kindergarten

Die Küchenzeile im Kindergarten gehört mit zu den Lehrküchen. Hier fehlt oft die Fehlerstrom-Schutzeinrichtung (RCD). Außerdem sind E-Herd und Steckdosen mit einem zentralen Schlüsselschalter mit roter Kontrollleuchte (für den Einschaltzustand) zu versehen. Diese Schutzeinrichtungen müssen vorhanden sein.

Empfohlene Maßnahme

Die Fehlerstrom-Schutzeinrichtung (RCD), 30 mA, ist nachzurüsten.
Der Schlüsselschalter mit Kontrollleuchte ist nachzurüsten.
Vgl.: DIN VDE 0664

Lichtschalter im Kindergartengebäude

Häufig sind die Lichtschalter nicht überall dort, wo es erforderlich ist, selbstleuchtend. Selbstleuchtende Lichtschalter sind z.B. dann *nicht* erforderlich, wenn die Beleuchtung zentral geschaltet wird. Sie sind ebenfalls *nicht* erforderlich, wenn eine Orientierungsbeleuchtung vorhanden ist. Bei Dunkelheit jedoch sind Unfälle zu befürchten. Davor können selbstleuchtende Lichtschalter bewahren.

Empfohlene Maßnahme

•   Alle Lichtschalter für nicht zentral bediente Beleuchtung sind selbstleuchtend auszuführen.
•   Alle Lichtschalter in Räumen und Fluren mit besonderer Dunkelheit, z.B., weil keine Fenster vorhanden sind bzw. eine dauernde Orientierungsbeleuchtung fehlt, sind selbstleuchtend auszuführen. Hier sollte eine Dauerbeleuchtung vorgesehen sein.
Vgl.: GUV-V A1, § 3.

Mutterschutz

Das <u>Mutterschutzgesetz</u> gilt für alle Frauen, auch für Teilzeitbeschäftigte, die in einem Arbeitsverhältnis stehen. Neben diesem Gesetz sind noch weitere Verordnungen und Technische Regeln zu beachten. Das sind z.B. die *Gefahrstoff-Verordnung* und die *Technischen Regeln für Gefahrstoffe*. **Aus dem** Mutterschutzgesetz**:** *z.B. gelten Grenzbereiche für das Heben und Tragen:*

	häufiges Heben und Tragen	gelegentl. Heben u. Tragen
schwangere Frauen	5 kg	10 kg

Die Grenzbereiche für das häufige und gelegentliche Heben und Tragen sollten nicht überschritten werden.
Vgl.: Mutterschutzgesetz

Aus der Gefahrstoff-Verordnung:
Der Arbeitgeber darf werdende...Mütter mit sehr giftigen, giftigen, gesundheitsschädlichen Gefahrstoffen nicht beschäftigen...§4 Abs.2 Nr.6 des Mutterschutzgesetzes bleibt unberührt. Schwangere sollten mit Gefahrstoffen und Holzstäuben nur umgehen, wenn durch richtig funktionierende Abzüge, z.B. in Chemieunterrichtsräumen, bzw. durch „staubgeprüfte/H2"-Holzstaubabsaugungen an Tischkreissägen sichergestellt ist, dass die Grenzwerte der Stoffe bzw. der Holzstaubgrenzwert nicht überschritten werden.
Vgl.: GUV-SR 2003, 3.2.2 sowie 6.1.4 und TRGS 553, 12

Aus den Technischen Regeln für Gefahrstoffe:
Werdende Mütter dürfen mit krebserzeugenden Stoffen und mit fruchtschädigenden Stoffen der Gruppen A und B nicht umgehen. Schwangere dürfen krebserregenden, erbgutverändernden und fortpflanzungsgefährdenden Stoffen nicht ausgesetzt werden.
Vgl.: GUV-SR 2003, 6.1.4

Empfohlene Maßnahme
Die Schulleitung sollte bemüht sein, vorstehende Informationen allen weiblichen Mitarbeiterinnen, Kolleginnen und Bediensteten zur Kenntnis zu geben. Zur Beratung sollte in jedem Fall der Arbeitsmedizinische Dienst, Hamburg, (AMD), bzw. der Betriebsarzt angesprochen werden, s. auch:

Notruftelefon

Oft sind Kindergärten ohne den notwendigen Amtsanschluss. Es fehlen Meldeeinrichtungen, um "...unverzüglich die notwendige Hilfe herbeirufen und diese an den Einsatzort leiten zu können".
Empfohlene Maßnahme
Für Notrufe muss ein Telefon mit Amtsanschluss vorhanden sein.
Vgl.: GUV-SR 2002, 6

Papier- bzw. Papp-Schneidemaschine

Die Papier-Schneidemaschine ist in zu vielen Einrichtungen noch ohne Messerschutz (Handschutz). Der Handhebel mit dem Schneidemesser sinkt in geöffneter Stellung nach unten. Papier-Schneidemaschinen müssen so gesichert sein, dass das bewegliche Messer in jeder Stellung hält; es darf nicht herunterfallen. Diese Maschine entspricht nicht den Vorschriften. Viele Unfallanzeigen bestätigen die Gefahr durch den fehlenden Messerschutz.
Empfohlene Maßnahme
• Die Papier-Schneidemaschine sollte ausgemustert und durch eine neue ersetzt werden. Dies wird damit begründet, dass der Handschutz fehlt und die eigentliche Forderung, nämlich: *"...Papier-Schneidemaschinen ... das bewegliche Messer in jeder Stellung hält;"* nicht erfüllt ist. Ein Umrüsten der Maschinen kann praktisch nicht mehr vorgenommen werden.
• Die Papier-Schneidemaschine ist bei Nichtbenutzung stets durch ein Schloss zu sichern.
Vgl.: GUV-V A1, § 3 u. 4.

Podeste vor Gebäudeeinrichtungen, Öffnungsrichtung von Türen

Podeste vor Gebäudeeingängen müssen bei nach außen aufschlagenden Türen eine Mindesttiefe von Türblattbreite plus 40 cm aufweisen. Das ist zu selten gewährleistet. Oft beträgt die Tiefe nur Türblattbreite plus wenige Zentimeter bis zu den Außenstufen. Das ist eine dauernde Stolper- und Absturzgefahr. Die entsteht beim Öffnen der Tür, wenn die Kinder und die Bediensteten rückwärts treppab gedrängt werden.
Die Öffnungsrichtung von *Gebäudeeingangstüren und von Türen aus so genannten Mehrzweckräumen* ist festgelegt. Diese Türen müssen in Fluchtrichtung, also nach außen bzw. zum Flur hin öffnen. Das ist häufig nicht der Fall.

Empfohlene Maßnahme

- Das Podest sollten entsprechend der GUV vergrößert werden.
- Gebäudeeingangstüren und Türer von Mehrzweckräumen müssen in Fluchtrichtung öffnen.

Vgl.: <u>GUV-SR 2002</u>, 2.2.1 sowie z.B. BauO Hamburg, § 31 (6) bzw. Bauordnung der Länder.

Rettungsweg- und Brandschutzzeichen, im ganzen Gebäude

Im ganzen Gebäude fehlt häufig eine ausreichende Anzahl von Rettungszeichen im Rettungsweg und gültigen Brandschutzzeichen. Bedienstete können im Notfall nicht sicher hinausfinden bzw. die Brandschutzgeräte finden. Die Verkehrssicherungspflicht, als unternehmerische Verantwortung, ist dann nicht eingehalten.

Empfohlene Maßnahme

- Im ganzen Gebäude sollte eine ausreichende Anzahl von Rettungszeichen im Rettungsweg und gültigen Brandschutzzeichen angebracht werden.
- Das Schulgebäude sollte mit langnachleuchtenden Rettungs- und Brandschutzzeichen ausgerüstet werder, und die vor dem 1.4.95 angebrachten nicht langnachleuchtenden Zeichen sind bis zum 1.4.2002 gegen langnachleuchtende auszutauschen.
- Um ein Nachleuchten zu bewirker, sollte in sonst dunklen Gängen, Fluren und anderen Bereichen eine Dauerbeleuchtung während der Betriebszeit vorgesehen werden.

Vgl.: <u>GUV-V A1</u>, „Grundsätze der Prävention" §§ 3 u. 4 und <u>GUV-V A8</u>, § 10 sowie Anlage 2, Pkt. 4 u. 5

Rettungsweg-, Brandschutz- und Erste-Hilfezeichen (Auswahl)

Erste-Hilfe-Zeichen

Bild E03 Erste-Hilfe	Bild E04: Kranken-trage	Bild E 02 Richtungsangabe für Erste-Hilfe-Einrichtungen*)	Bild E 07 Notruftelefon

Brandschutzzeichen

Bild F 01 Rich-tungs-angabe **)	Bild F 03 Lösch-schlauch	Bild F 05 Feuer-lösch-gerät	Bild 06 Brand-melder	Bild F07 Einricht-ungen zur Brand-bekämpfung

Rettungswegzeichen

Bild E 13 Rettungs-weg ***)	Bild (ohne Nr.:) Rettungsweg für Behinderte	Bild E 11 Sammel-stelle	Bild E16 Notausgang

*) Erste-Hilfe-Zeichen
Dieser Richtungspfeil ist nur in Verbindung mit einem weiteren Rettungszeichen für Erste-Hilfe-Einrichtungen zu verwenden. Schildergrößen: a x a = 200 x 200 mm. Ausführung: selbstklebend, Schilder grün, Zeichen langnachleuchtend weiß.

**) Brandschutzzeichen
Dieser Richtungspfeil ist nur in Verbindung mit einem anderen Brandschutzzeichen zu verwenden. Schildergrößen: a x a= 200 x 200 mm. Ausführung: selbstklebend, Schilder rot, Zeichen langnachleuchtend weiß.

***) Rettungswegzeichen

Auf den Rettungswegzeichen darf der Richtungspfeil außerdem zum oberen bzw. unteren Eckpunkt der abgebildeten Türöffnung zeigen, um den Verlauf des Rettungsweges zu kennzeichnen, z.B. Treppe. Schildergrößen: a x b = 200 x 400 mm und a x a = 200 x 200 mm. Ausführung: selbstklebend, Schilder grün, Zeichen langnachleuchtend weiß.

Reinigungs- und Desinfektionsmittel

Es werden möglicherweise leicht- bzw. hochentzündliche Flüssigkeiten wie Terpentin, Terpentinersatz, Verdünner, Nitroverdünner, Brennspiritus oder sogar Benzin zum Reinigen von Tischen, Stühlen, Wänden usw. verwandt. Das darf unter keinen Umständen erfolgen. Ein Unfall in einer Schule außerhalb Hamburgs hat gezeigt, dass sich dabei sogar eine Verpuffung mit schwersten Verletzungen von Schülern ereignen kann.

Empfohlene Maßnahme

Für Reinigungszwecke dürfen in Kindergärten keinerlei brennbare Flüssigkeiten verwendet werden.

Für Reinigungs- und Desinfektionsmittel ist ein abschließbarer Schrank vorzusehen.

Vgl.: <u>GUV-V A1</u>, § 3 u. 4 und <u>GUV-SR 2002</u>, 4.3

Rettungsweg- und Brandschutzzeichen in allen Gebäude

Im ganzen Gebäude fehlt häufig eine ausreichende Anzahl von Rettungszeichen im Rettungsweg und gültigen Brandschutzzeichen. Bedienstete können im Notfall nicht sicher hinausfinden bzw. die Brandschutzgeräte finden. Die Verkehrssicherungspflicht, als unternehmerische Verantwortung, ist dann nicht eingehalten.

Empfohlene Maßnahme

• Im ganzen Gebäude sollte eine ausreichende Anzahl von Rettungszeichen im Rettungsweg und gültigen Brandschutzzeichen angebracht werden.

• Das ganze Gebäude sollte mit langnachleuchtenden Rettungs- und Brandschutzzeichen ausgerüstet werden, und die vor dem 1.4.95 angebrachten nicht langnachleuchtenden Zeichen sind bis zum 1.4.2002 gegen langnachleuchtende auszutauschen.

• Um ein Nachleuchten zu bewirken, sollte in sonst dunklen Gängen, Fluren und anderen Bereichen eine Dauerbeleuchtung während der Betriebszeit vorgesehen werden.

Vgl.: <u>GUV-V A1</u>, „Grundsätze der Prävention", §§ 3 u. 4, und <u>GUV-V A8</u>, § 10 sowie Anlage 2, Pkt. 4 u. 5

Rettungs- und Verkehrswege im gesamten Kindergartenbereich

Zu oft sind die Aufenthaltsbereiche mit einer Vielzahl von kindgerechten Kommoden, Kästen, Schubladen, Fächern und Regalen so verstellt, dass Rettungs- und Verkehrswege nicht mehr ausreichend frei sind.

Empfohlene Maßnahme
- Es sollte überlegt werden, ob Hängeschränke in Erwachsenenhöhe eine wesentliche Entlastung bringen könnten. Möglicherweise kann auf den immer wieder zu hörenden Wunsch, Spielecken untereinander durch Möbel abtrennen zu wollen oder zu müssen, ganz verzichtet werden. Dafür gibt es beispielhafte Kindergärten.
- Rettungswege und Verkehrswege (Flure) sind unbedingt von allen Gegenständen wie z.B. Möbeln freizuhalten.

Vgl.: ArbStättV § 52

Rettungswegtüren im Rettungsweg

a) **Türen im Rettungsweg**
Rettungswegtüren im Rettungsweg entsprechen sehr oft nicht den Vorschriften und sie werden, entgegen der Vorschrift, zu oft während des Betriebes abgeschlossen bzw. verriegelt oder sie öffnen entgegen der Fluchtrichtung. Das ist verboten. *Z.B. können Küchen Räume mit erhöhter Brandgefahr sein. Sie müssen dann mindestens zwei günstig gelegene Ausgänge haben. Diese Türen müssen in Fluchtrichtung aufschlagen und jederzeit von innen ohne Hilfsmittel zu öffnen sein, auch wenn von außen abgeschlossen ist.* Panikschlösser oder Panikriegel an Rettungstüren sichern den Rettungsweg ohne weiteres, ohne Schlüssel. Panikriegel an Rettungstüren dürfen *nicht* senkrecht zum Türblatt bewegt werden. Das ist aber häufig der Fall und stellt eine erhebliche Gefahrenquelle dar.

Empfohlene Maßnahme
Rettungswegtüren müssen in Fluchtrichtung öffnen. Rettungswegtüren ins Freie sind mit richtigen Panikbeschlägen zu versehen. Hebel für Panikriegel müssen seitlich drehbar oder als Wippe ausgebildet sein. Panikhebel mit einer senkrechten Bewegungsrichtung zur Tür sind gegen solche mit einer seitlichen Drehbewegung auszutauschen. Panikriegel dürfen nicht durch ein zusätzliches Sicherheitsschloss ihre Funktion verlieren.

Vgl.: GUV-SR 2001, 4.2.5.3 und 4.2.5.4

b) **Verstellte Türen im Verkehrsweg**
In Einrichtungen kommt es häufig vor, dass Türen verstellt sind. Türen sind immer Vorrichtungen, die grundsätzlich Verkehrswege öffnen, Rettungswege sichern oder so genannte gefangene Räume verhindern. Türen zu Gruppenräumen in Kindergärten müssen eine lichte

Durchgangshöhe von 2,1m und sonstige Türen eine lichte Durchgangshöhe von wenigstens 2,0 m haben. Verkehrs- und Rettungswege dürfen nicht verstellt werden. Eine, die Tür von außen oder von innen öffnen wollende Person, darf nicht auf ungeahnte Schwierigkeiten stoßen.

Empfohlene Maßnahme
Türen müssen die richtige Durchgangshöhe aufweisen. Verkehrswege müssen freigehalten werden. Alle verstellten Türen sind von beiden Seiten frei und zugänglich zu halten.
Vgl.: <u>ArbStättV</u>, § 52

Scharfkantige Möbel

Es werden immer wieder Möbel, z.B. Kücheneinrichtungen, aufgestellt, die nicht den *Richtlinien für Bau- und Ausrüstung von Kindergärten* entsprechen. Die Möbel haben scharfe Kanten und Ecken. Das darf nicht sein.

Empfohlene Maßnahme
Bauteile und Einrichtungsgegenstände in Aufenthaltsbereichen z.B. Armaturen, Schränke, Ablagen, Tische, Küchenmöbel, rollbare Garderobenständer, Tafeln usw. müssen abgerundet oder entsprechend stark, mit einem Radius von wenigstens 2 mm, gefast sein.
Vgl.: <u>GUV-SR 2002</u>, 2.1.1 und für Kinderspielgeräte DIN 7926 Teil 1.

Sicherheitsbeauftragte an Kindergärten

Die Zahl der vom Unternehmer zu bestellenden Sicherheitsbeauftragten wird
gemäß § 22 Abs. 1 SGB VII wie folgt bestimmt:
1. Zahl der Beschäftigten Zahl der Sicherheitsbeauftragten...
d) Für Kindertageseinrichtungen mind. 1
2. Der Träger der gesetzlichen Unfallversicherung kann bei Vorliegen besonderer
betrieblicher Verhältnisse die Zahl der zu bestellenden Sicherheitsbeauftragten
unter Berücksichtigung von § 22 Abs. 1 SGB VII entsprechend diesen Verhältnissen abweichend regeln.
Die Sicherheitsbeauftragten haben den Unternehmer bei der Durchführung der Maßnahmen zur Verhütung von Arbeitsunfällen, Berufskrankheiten und arbeitsbedingten Gesundheitsgefahren zu unterstützen, insbesondere sich
von dem Vorhandensein und der ordnungsgemäßen Benutzung der vorgeschriebenen

Schutzeinrichtungen und persönlichen Schutzausrüstungen zu überzeugen und auf Unfall- und Gesundheitsgefahren für die Versicherten aufmerksam zumachen.
(3) Der Unternehmer hat den Sicherheitsbeauftragten Gelegenheit zu geben, ihre Aufgaben zu erfüllen, insbesondere in ihrem Bereich an den Betriebsbesichtigungen
sowie den Untersuchungen von Unfällen und Berufskrankheiten durch die Aufsichtspersonen der Unfallversicherungsträger teilzunehmen; den Sicherheitsbeauftragten sind die hierbei erzielten Ergebnisse zur Kenntnis zu geben.

Empfohlene Maßnahme

• Für jeden Kindergarten sollte wenigstens 1 Sicherheitsbeauftragter, eine Erzieherin oder ein Erzieher bestellt werden.

• Die Bestellung zum Sicherheitsbeauftragten hat schriftlich zu erfolgen. Das Formblatt befindet sich in der Anlage zur GUV-SI 8064.

• Die oder der bestellte Sicherheitsbeauftragte wird auf nachstehende Informationen für ihre bzw. seine Tätigkeit verwiesen:

Vgl.: GUV-SI 8064 mit Anlage, GUV-I 8519 Gesprächsführung für Sicherheitsbeauftragte, GUV-I 8503 "Der Sicherheitsbeauftragte", GUV-V A1, §§ 3, 13, (Übertragung von Unternehmerpflichten (Muster)), 20 sowie Anlage 2 und GUV-I 8542 und Meldungen des Sicherheitsbeauftragten (Meldeblock).

Spielplatzgeräte

Spielplatzgeräte werden häufig auch außerhalb der Kindergartenzeit von Fremden benutzt. Dadurch kann es z.B. vorkommen, dass Knoten in Taue geschlagen werden oder Geräte mutwillig verbogen werden. Deshalb ist es erforderlich, dass Spielplatzgeräte immer zuerst von den Verantwortlichen begutachtet werden, bevor Kinder darauf spielen dürfen. Häufig entsprechen die Spielplatzgeräte auch nicht den Anforderungen.

Empfohlene Maßnahme

Spielplatzgeräte müssen entsprechend den allgemein anerkannten sicherheitstechnischen Regeln beschaffen sein und aufgestellt werden. Dies gilt auch für Kunstobjekte, die als Kinderspielgeräte benutzt werden können.

Bei Auswahl, Ausführung und Aufstellung von Spielplatzgeräten ist darauf zu achten, dass an allen Stellen eine Hilfestellung durch Betreuer möglich ist.
Vgl.: GUV-SR 2002, 7 sowie DIN EN 1176, Teil 1–7 und DIN EN 1177.

Steckdosen in einfacher Ausführung, auf Putz

Häufig wird der nachträgliche Anbau von Kabel und Steckdosen "auf Putz" vorgefunden. Der Stand der Technik beschreibt das Verlegung von Leitungen und Steckdosen "unter Putz". Das wird nicht immer eingehalten. Es besteht die Gefahr, dass "auf Putz" verlegte Steckdosen zerbrechen und solche Leitungen von der Wand gerissen werden.

Empfohlene Maßnahme

Steckdosen und Zuleitungen sollen im Regelfall unter Putz verlegt werden. Das ist immer dort erforderlich, wo mit besonderer Beanspruchung der Gehäuse in Verkehrswegen, Fluren, an Tafeln und in Mehrzweckräumen durch Anstoßen zu rechnen ist. Nur im Ausnahmefall sollten Steckdosen "auf Putz", dann aber in robuster, d.h. wassergeschützter Ausführung *mit* Deckel, und die Zuleitungen *im* Kabelkanal angebracht werden.
Vgl.: GUV-V A2, § 4 (3) und GUV-V A1, § 3 u. 4.

Stufen und Treppengeländer (Umwehrungen)

a) Geländerhöhe, z.B. im Treppenhaus

Die Geländerhöhe entspricht manchmal nicht den Vorschriften. Schutz- und Treppengeländer (Umwehrungen) müssen bis zu einer Höhe von 1,5 m mindestens 0,7 m und auf Spielebenen von mehr als 1,5 m mindestens 1,0 m hoch ausgeführt sein. Gemessen werden aber zu oft wesentlich niedrigere Höhen. Das ist eine große Gefährdung der Verkehrssicherheit. Bei einer Absturzhöhe von mehr als 12 m muss die Höhe von Geländern, Umwehrungen und Brüstungen mindestens 1,10 m betragen.

Empfohlene Maßnahme

• Die Schutz- und Treppengeländer sollten im Zuge der nächsten Umbaumaßnahmen auf eine Höhe von mindestens 1,0 m umgerüstet werden. Die Handläufe daran sollten eine Höhe von 0,80 bis 0,90 m haben.

• Es sollte auch die Geländerhöhe bei einer Absturzhöhe von mehr als 12 m überprüft werden und möglicherweise auf mindestens 1,1 m erhöht werden.

• Die inneren Handläufe sollen über die Treppenabsätze fortgeführt werden.

• Handläufe müssen ohne freie Enden sein. Sie sind am Anfang und am Ende an die Treppenwange heranzuführen.

• Handläufe sind so anzuordnen, dass sie von Kinderhänden durchgehend benutzt werden können.
Vgl.: GUV-SR 2002, 2.8 und 2.9

b) Fehlendes zweites Treppengeländer

In manchen Kindergärten befinden sich Treppenverläufe mit nur einem Treppengeländer. Das darf in Kindergärten nicht sein. Da die Treppen in beiden Richtungen und auf beiden Seiten gleichzeitig benutzt werden können, fehlt dieser zweite, sichere Halt. Es herrscht dauernde Unfallgefahr.

Empfohlene Maßnahme

Die fehlenden zweiten Treppengeländer müssen nachgerüstet werden.

Vgl.: GUV-SR 2002, 2.8 und 2.9

c) Rutschfestigkeit auf Stufen der Treppen

An vielen Stufen fehlen zu oft die rutschhemmenden Winkelleisten im Bereich der Vorderkanten oder sie sind defekt. Das ist eine erhebliche und dauernde Unfallgefahr.

Empfohlene Maßnahme

Alle Stufen müssen mit fest angebrachten, rutschhemmenden Winkelleisten versehen sein. Der Mangel ist sofort zu beheben.

Vgl.: GUV-SR 2002, 2.8 und 2.9

Außenanlagen, Teiche, Feuchtbiotope

a) Außenanlagen

An die Außenanlagen werden erhebliche Anforderungen gestellt. Häufig werden diese jedoch nicht eingehalten: z.B. sind die Einfriedungen oft zu niedrig und Abdeckungen sind ungesichert. Das kann zu dauernden Unfallgefahren führen.

Empfohlene Maßnahmen

An Absätzen von mehr als 20 cm Höhe zwischen Flächen von Aufenthaltsbereichen müssen Sicherungen vorhanden sein.

Solche Sicherungen sind z.B.

– Pflanzstreifen, -tröge,

– Bänke,

– Geländerbügel,

– Brüstungselemente.

Vertiefungen sind zu umwehren oder trittsicher abzudecken. Die Abdeckungen müssen gegen Abheben durch Kinder gesichert sein.

Die Oberfläche der Einfassungen von Sandkästen darf nicht aus scharfkantigem, spitzig-rauhem Material bestehen.

Als Materialien eignen sich z.B. stark gerundete, schwer splitternde Hölzer, Hartgummi. Da sich z.B. Hartgummi unter Sonneneinstrahlung aufheizen kann, sollte er hell eingefärbt sein.

Müll- oder andere Behälter, die für Kinder aufgrund der Beschaffenheit oder des Inhalts eine Verletzungs- oder Gesundheitsgefahr darstellen, sind ihrem Zugriff zu entziehen.

Bei der Auswahl von Pflanzen in Aufenthaltsbereichen sind mögliche Gesund-heitsgefährdungen zu beachten. *Siehe auch Broschüre "Giftpflanzen – beschauen, nicht kauen" (GUV-SI 8018).*
Vgl.: GUV-SR 2002, 3.1

b) Teiche, Feuchtbiotope
Häufig werden Teiche und Feuchtbiotope angelegt, ohne dass sich die Verantwortlichen über die mögliche Gefährdung der Kinder durch diese Einrichtungen bewusst sind. Deshalb sollte gerade in diesen Bereichen eine gründliche Überprüfung erfolgen.

Empfohlene Maßnahme
Bei Wassertiefen bis maximal 40 cm müssen 1 m breite flach geneigte, trittsichere Uferzonen vorhanden sein.
Bei Wassertiefen von mehr als 40 cm müssen Einfriedungen vorhanden sein, die Kinder nicht zum Überklettern verleiten.
Einfriedungen müssen mindestens 1 m hoch sein. Sie sind so zu gestalten, dass Klettern daran erschwert wird.
Spitzen und scharfe Kanten sind an und auf Einfriedungen nicht zulässig. *Stacheldraht, Dornenhecken u.Ä. dürfen nicht verwendet werden.*
Vgl.: GUV-SR 2002, 3.1, 3.2 und 3.3

Toiletten- und Waschräume, Rutschsicherheit und Wasserentnahmestellen

---

Häufig sind die Toiletten- und Waschräume nicht unfallsicher, weil der Fußboden bei Nässe keine Rutschsicherheit aufweist.
Die Wasserentnahmestellen haben zu häufig eine zu hohe Temperatur.

Empfohlene Maßnahme
Der Fußbodenbelag muss auch bei Nässe rutschhemmend bleiben.
Die Wassertemperatur darf an Entnahmestellen, die Kindern zugänglich sind, nicht mehr als 45 °C betragen.
Vgl.: GUV-SR 2002, 4.2

Toiletten, Toilettenbeckenaufhängung und Toilettenräume

An vielen Schulen, besonders an Grund-, Haupt- und Realschulen, haben die Lehrerinnen und Lehrer keine eigener Toiletten, und sie müssen die Toiletten der Schülerinnen und Schüler mit benutzen. Das ist unzulässig. Häufig sind in den Toilettenreihen der Schülertoiletten für die Lehrerinnen und Lehrer eigenen abschließbare und nicht einsehbare Toiletten vorgesehen. Auch das ist nicht statthaft. Häufig genug müssen Lehrerinnen und Lehrer durchs Freie gehen, um zu den Toiletten zu gelangen. Das ist nicht entsprechend den Vorschriften. Des Weiteren liegen die Toilettenräume für die Lehrerinnen und Lehrer häufig genug mehr als ein Stockwerk auseinander. Auch das ist nicht statthaft. Toiletten für Lehrerinnen und Lehrer und gleichzeitig für das Verwaltungspersonal befinden sich häufig genug nur im Verwaltungstrakt. Dort ist dann jeweils eine Toilette für Damen und eine für Herren vorhanden. Auch das ist bei weitem nicht ausreichend. Wege zu den Toiletten dürfen auch nicht mehr als 100 m lang sein. Bedienstete, Lehrerinnen und Lehrer sowie das Verwaltungspersonal, haben einen Anspruch auf eigene Toiletten. Die Anzahl der vorzusehenden Toiletten richtet sich nach der Anzahl der Versicherten. In Schulen ermittelt man deshalb die Anzahl der beschäftigten Lehrerinnen und Lehrer. Dabei muss von der maximalen Anzahl der Lehrerinnen und Lehrer ausgegangen werden, die gleichzeitig an der Schule tätig sind. Daraus ergeben sich Mindestanforderungen an die Toilettenräume. Ebenso wird mit dem Verwaltungspersonal verfahren. Die Zahl der erforderlichen Toiletten und Bedürfnisstände ergibt sich aus der nachstehenden Tabelle nach DIN 18 228 Blatt 3:

Männer			Frauen	
Beschäftigtenzahl	Zahl der Toi-letten	Zahl der Bedürfnisstände	Beschäftigtenzahl	Zahl der Toiletten
bis 5	1		bis 5	1
bis 10	1	1	bis 10	1
bis 25	2	2	bis 20	2
bis 50	3	3	bis 35	3
bis 75	4	4	bis 50	4

Empfohlene Maßnahme

1.   Den Arbeitnehmern sind in der Nähe der Arbeitsplätze besondere Räume mit einer ausreichenden Zahl von Toiletten und Handwaschbecken (Toilettenräume) zur Verfügung zu stellen. Wenn mehr als fünf Arbeitnehmer verschiedenen Geschlechts beschäftigt werden, sollen für Frauen und Männer vollständig getrennte Toilettenräume vorhanden sein. Werden mehr als fünf Arbeitnehmer beschäftigt, müssen die Toilettenräume ausschließlich den Betriebsangehörigen zur Verfügung stehen.

2.   In unmittelbarer Nähe von Pausen-, Bereitschafts-, Umkleide- und Waschräumen müssen Toilettenräume vorhanden sein.

3.   Die Toilettenräume bzw. die Toiletten sind innerhalb einer Arbeitsstätte so zu verteilen, dass sie von ständigen Arbeitsplätzen nicht mehr als 100 m und, sofern keine Fahrtreppen vorhanden sind, höchstens eine Geschosshöhe entfernt sind. Der Weg von ständigen Arbeitsplätzen in Gebäuden zu Toiletten soll nicht durchs Freie führen

4. Die Ausstattungen sowie die Be- und Entlüftungen haben nach der Vorschrift zu erfolgen. Dazu gehört, dass in jeder Damentoilette in jedem Gebäude in mindestens einer Toilettenzelle ein Hygienebehälter mit Deckel vorhanden sein muss. Dieser Behälter muss einer regelmäßigen Reinigung durch das Reinigungspersonal unterliegen. Die Tür zu dieser Zelle muss von außen gekennzeichnet sein. Zur Kennzeichnung eignet sich z.B. ein Klebeschild, GUV-V A8, "Weißes Kreuz auf grünem Grund" (E03), (s. auch S. 61)
Vgl.: ASR § 37/1, 1-8, und § 37 der ArbStättR zur ArbStättV.
Toilettenbeckenaufhängung für Kindergärten/ Kindertagesstätten/ Schulen usw. s. VDI 6000 Blatt 6

Übertragung von Unternehmerpflichten, Muster

Anhang 1

Muster für die „Erklärung" (§ 12)

Bestätigung der Übertragung von Unternehmerpflichten
(§ 9 Abs. 2 Nr. 2 OWiG, § 15 Abs. 1 SGB VII)

Herrn/Frau ....

werden für den Betrieb / die Abteilung *) ....

....

....

....

(Name und Anschrift der Firma/Gemeinde/des Organs)

die dem Unternehmer hinsichtlich des Arbeitsschutzes und der Verhütung von Arbeitsunfällen, Berufskrankheiten und arbeitsbedingten Gesundheitsgefahren obliegenden Pflichten übertragen, in eigener Verantwortung

– Einrichtungen zu schaffen und zu erhalten*)
– Anordnungen und sonstige Maßnahmen zu treffen*)
– eine wirksame Erste Hilfe sicherzustellen*)
– arbeitsmedizinische Untersuchungen oder sonstige arbeitsmedizinische Maßnahmen zu veranlassen*)

soweit ein Betrag von .... € nicht überschritten wird.

Dazu gehören insbesondere:

....

....

....

....

....
Ort   Datum

....
Unterschrift des Unternehmers   Unterschrift des Verpflichteten

*) Nichtzutreffendes streichen

Vgl.: GUV-V A1, § 20

Umwehrungen, erhöhte Spielebenen in Gruppenräumen

Viel zu oft wird die Wichtigkeit von Umwehrungen unterschätzt. Die für Kinder gefährliche Fallhöhe wird nicht richtig eingeschätzt.

Empfohlene Maßnahme

Umwehrungen – ausgenommen Fensterbrüstungen – müssen mindestens 1 m hoch sein. Anforderungen an – Spielplatzgeräte siehe DIN EN 1176, Teil 1–7. Auf Spielebenen bis zu einer Höhe von 1,50 m müssen Umwehrungen mit einer Höhe von mindestens 70 cm, auf Spielebenen von mehr als 1,50 m Höhe von mindestens 1 m vorhanden sein.

Anforderungen an die Bauart der Umwehrungen:

Umwehrungen sind so auszuführen, dass Kinder nicht hindurch fallen können und nicht zum Klettern, Aufsitzen und Rutschen verleitet werden. Bei Umwehrungen mit senkrechten Zwischenstäben darf deren lichter Abstand nicht mehr als 12 cm betragen.

Ferner sind Umwehrungen so auszubilden, dass der Aufenthaltsbereich unmittelbar

hinter der Absturzsicherung eingesehen werden kann (z.B. vertikale Geländerstäbe, durchsichtige Brüstungselemente).

Für das Erreichen der Spielebenen sind sichere Aufstiege vorzusehen. Hierzu gehören z.B. Treppen mit Geländern. Werden ausnahmsweise Stufen-, Sprossen- oder Steigleitern als Aufstiege vorgesehen, muss über die gesamte Breite der Einstiegsöffnung ein Querriegel in Umwehrungshöhe und bei Spielebenen ab 1 m Höhe im möglichen Fallbereich stoßdämpfender Boden, z.B. Aufsprungmatte nach DIN 7914 Teil 1: "Turn- und Gymnastikgeräte, Matten; Turnmatten; Maße, Sicherheitstechnische Anforderungen und Prüfung", vorhanden sein.

Vgl.: GUV-SR 2002, 2.9, 2.11.1

Verglasungen, Glas in Schränken, Vitrinen, Drahtglas und Einfachverglasungen in Türen sowie Spiegel

a) Glas in Schränken und Vitrinen

In den Schranktüren sowie in Vitrinen besteht die Verglasung häufig noch aus Einfachglas und nicht aus unzerbrechlichem Glas. Einfachglas kann bei Bruch zu Schnittverletzungen führen.

Empfohlene Maßnahme

- Verglasungen müssen vom Fußboden bis in eine Höhe von mindestens 1,50 m aus Sicherheitsglas oder Materialien mit mindestens gleichwertigen Sicherheitseigenschaften bestehen.
- *Sicherheitsglas ist Einscheiben-Sicherheitsglas (ESG) oder Verbund-Sicherheitsglas*
- *(VSG).*
- *Drahtglas ist kein Sicherheitsglas. Siehe auch Broschüre "Mehr Sicherheit bei Glasbruch" (GUV-SI 8027).*
- *Sicherheitsglas ist nicht erforderlich, wenn Glasflächen z.B. durch Fensterbänke, Schränke, Gitter, im Außenbereich durch eine etwa 1 m tiefe bepflanzte Schutzzone dem Zugang der Kinder entzogen werden.*
- Glasflächen, die bis in die Nähe des Fußbodens reichen, müssen deutlich
- gekennzeichnet sein.

Um das teure Sicherheitsglas in Schränken zu vermeiden, könnte das Glas möglicherweise ganz entfernt und durch Sperrholzplatten ersetzt werden. Häufig kann auch ein "Sichten" der in den Schränken aufbewahrten Gegenstände und ein "Neuordnen oder Entsorgen" dazu führen, dass die Schränke leer werden. Sie sollten dann ganz entfernt werden.

b) Drahtglas und Einfachverglasung

In vielen Durchgangstüren, z.B. in den Fluren oder in Eingangstüren und bis in Fußbodenhöhe reichenden Fenstern besteht die Verglasung zu häufig noch aus Drahtglas oder sogar aus zerbrechlichem Einfachglas. Das ist eine ganz erhebliche Unfallgefahr.

Empfohlene Maßnahme

Grundsätzlich ist Drahtglas nicht mehr zu verwenden. Es ist in Türen mindestens bis zu einer Höhe von 1,5 m gegen Sicherheitsglas auszutauschen.

c) Spiegel

Spiegel sind ebenfalls oft nicht unzerbrechlich, wie es die Vorschrift verlangt. Das ist eine ganz erhebliche Unfallgefahr.

Empfohlene Maßnahme

Spiegel aus zerbrechlichem Glas sollten entweder ganz entfernt oder gegen unzerbrechliche Therapiespiegel ausgetauscht werden. Die bietet der Handel an.

Vgl.: GUV-SR 2002, 2.5

Gesundheitsschutz und Gesundheitsförderung

Infektionsgefahren im Kinder- und Jugendbereich

Merkblatt, herausgegeben vom Arbeitsmedizinischen Dienst der Behörde für Inneres, Hamburg

Gegen Infektionen mit Tetanus und Diphtherie sollte bei jedem Impfschutz bestehen und alle 10 Jahre aufgefrischt werden.

Gegen Kinderlähmung (Polio) wird bei Erwachsenen neuerdings nur noch bei Reisen in Gebiete mit Infektionsrisiko geimpft. Außerdem wird der Impfstoff jetzt in den Muskel gespritzt und nicht mehr geschluckt.

Alle gebärfähigen Frauen sollten einen Nachweis über Immunschutz gegen Röteln besitzen.

Mitarbeitern in Gemeinschaftseinrichtungen und mit Publikumsverkehr wird in jedem Herbst die Grippeschutzimpfung angeboten.

Bei intensivem Kontakt mit chronisch Hepatitis B-infizierten Kindern und Jugendlichen kann es unter bestimmten Voraussetzungen über Blutkontakt zu einer Ansteckung kommen. Das gilt z.B. für Ersthelfer an Einrichtungen, an denen Hepatitis B-Virusträger unter den Kindern und Jugendlichen bekannt sind.

Beim pflegerischen Umgang mit Kindern, bei dem Kontakt zu Körperausscheidungen besteht, ist prinzipiell die Gefahr der Hepatitis A-Infektion möglich. Z.B. wird bereits MitarbeiterInnen in der Kinderbetreuung eine arbeitsmedizinische Untersuchung, Beratung und Schutzimpfung angeboten.

In Einrichtungen der Kleinkinderbetreuung treten hin und wieder die so genannten "Kinderkrankheiten" auf. Diese können bei ungeschützten Erwachsenen zu schweren Krankheitsverläufen führen. Erwachsene ohne Immunschutz können sich gegen Röteln, Masern, Mumps und Windpocken impfen lassen.

Für Schwangere kann es unter bestimmten Umständen und beim Auftreten bestimmter Erkrankungen unter den Kindern und Jugendlichen ein Beschäftigungsverbot geben.

Mutterschutz Merkblatt

Merkblatt, herausgegeben vom Arbeitsmedizinischen Dienst der Behörde für Inneres, Hamburg, Stand 05/99

Die werdende und stillende Mutter und das ungeborene Kind sind besonders schutzbedürftig; ihre Gesundheit stellt ein Rechtsgut von sehr hohem Rang dar.

In den Rechtsvorschriften des Mutterschutzgesetzes (MuSchG) und der Mutterschutzrichtlinienverordnung (MuSchRiV) sind die Schutzmaßnahmen für Mutter und Kind gesetzlich festgelegt. Ihre Einhaltung, Überwachung und Ausnahmen werden behördlich durch das Amt für Arbeitsschutz geregelt.

Vom Arbeitgeber müssen die erforderlichen Vorkehrungen und Maßnahmen zum Schutz von Leben und Gesundheit der schwangeren/stillenden Mutter getroffen werden, d. h. die Arbeitnehmerinnen müssen über alle möglichen Gefährdungen unterrichtet werden und sie dürfen diesen Gefährdungen nicht ausgesetzt sein.

Die Rechtsvorschriften stellen dazu konkrete Forderungen an die Arbeitsbedingungen und verfügen Beschäftigungsverbote, wenn die Risiken für die Gesundheit nicht ausgeschlossen sind.

Beschäftigungsverbote:

Werdende oder stillende Mütter dürfen nicht beschäftigt werden mit körperlich schwerer Arbeit, Akkord- und Mehrarbeit, Nachtarbeit, Sonn- und Feiertagsarbeit sowie gefährlichen Arbeiten oder Arbeiten mit Unfallgefahren.

Werdende und stillende Mütter dürfen nicht Gefahren ausgesetzt werden, die von gesundheitsgefährdenden chemischen oder biologischen Stoffen ausgehen oder durch physikalische Schadfaktoren gegeben sind, wie Strahlen, Hitze, Kälte, Nässe, Stöße, Erschütterungen und Lärm (MuSchG §§ 4, 8).

Liegeräume:

Zur Vermeidung der Gesundheitsgefahren gehört auch die Bereitstellung von geeigneten Liegeräumen für werdende oder stillende Mütter (MuSchG § 2; ArbStättV § 31).

1.   Unfallgefahren und körperliche Belastung:

Hierzu gehört, dass schwangeren Lehrerinnen keine Pausenaufsichten übertragen werden. Insbesondere im Sportunterricht wird der körperliche Einsatz untersagt (z.B. VwHbSchul, Hamburg, 03.75.02).

Schwimmunterricht darf nur mit einer zweiten rettungskundigen Lehrkraft gegeben werden. Auf Rettungs- und Tauchtraining sollte verzichtet werden.

2. Schwere Arbeit:
Es gibt gesetzliche Grenzwerte, die nicht überschritten werden dürfen:
- 5 Kg für häufiges Heben und Tragen (mehr als 2- bis 3-mal pro Stunde)
- 10 Kg für gelegentliches Heben und Tragen (weniger als 1- bis 2-mal pro Stunde).
Jeweils dürfen die Lasten maximal 3 - 4 Schritte weit getragen werden. Bei längeren Strecken oder ungünstiger Haltung werden die Grenzwerte überschritten. Beim Überschreiten der Grenzwerte müssen mechanische Hilfen eingesetzt werden, wenn kollegiale Unterstützung nicht geleistet werden kann.

3. Chemische Gefahrstoffe:

Verboten ist der Umgang mit Stoffen, die sehr giftig, giftig oder gesundheitsschädlich sind, bei Überschreitung des Grenzwertes. Dies betrifft besonders den naturwissenschaftlichen Unterricht, die Arbeitslehre mit Werkstätten, sowie den Kunstunterricht. Der Umgang mit Gefahrstoffen wie z.B. Holzstäuben ist nur erlaubt mit "staubgeprüften/H2" Holzstaubabsaugungen an Tischkreissägen.
Im Chemieunterricht darf mit Gefahrstoffen nur in geprüften und gut funktionierenden Abzügen hantiert werden (GUV 19.16/GUV-SR 2003)
Verboten ist der Umgang mit krebserzeugenden, fruchtschädigenden und erbgutverändernden Stoffen, wenn die werdenden Mütter den Stoffen ausgesetzt sein können oder bei stillenden Müttern der Grenzwert überschritten wird; z.B. beim Experimentieren im Chemieunterricht (GUV-SR 2003, MuSchRiV § 5).
Bei Hautkontakt (z.B. undichte Handschuhe) mit hautresorptiven Stoffen ist man diesen Stoffen direkt ausgesetzt und muss von einer Überschreitung der Grenzwerte ausgehen.

4. Biologische Stoffe, Infektionsgefahr:
Alle gebärfähigen Frauen sollten Immunschutz gegen Röteln haben, damit bei Eintritt einer Schwangerschaft das ungeborene Leben nicht gefährdet wird. Der Röteln - Titer (= Maß für die Abwehrkräfte gegen eine Röteln-Infektion) sollte ausreichend hoch sein. Bei unzureichender Höhe wird der Infektionsschutz durch eine Impfung erreicht. Röteln - Titerbestimmung und Impfung gehören zum Vorsorgeprogramm der Frauenärzte mit Kostenübernahme durch die Krankenkassen.
Schwangere dürfen nicht geimpft werden.
Schwangere ohne ausreichenden Immunschutz gegen Röteln können das ungeborene Kind nur sicher schützen, wenn sie in den ersten 20 Schwangerschaftswochen keinen Kontakt mit Kindern und Jugendlichen ausüben sowohl beruflich als auch privat.
Für Schwangere ohne ausreichenden Immunschutz gegen Ringelröteln, Masern, Mumps, Windpocken und Zytomegalie können ebenfalls Beschäftigungsbeschränkungen eintreten, falls die genannten Krankheiten

akut in der Schule auftreten. Bei Mumps betrifft dies nur die ersten 12 Schwangerschaftswochen.
Werdende und stillende Mütter dürfen nicht mit Arbeiten beschäftigt werden, bei denen erfahrungsgemäß Krankheitserreger übertragen werden können. Dies kann bei ungeschütztem Kontakt mit Körperausscheidungen gegeben sein. Betroffen können Schulen mit Mehrfachbehinderten, geistig Behinderten und Verhaltensgestörten sein. Möglich ist ein Kontakt mit Stuhl beim Windeln oder mit Blut bei engen Körperkontakten (Kratzen, Verletzungen) zu Kindern, die Erreger in sich tragen oder ausscheiden.

5.   "Stress":

Selbstverständlich sollen Schwangere nicht unnötig belastet werden.
Vielmehr sollen sie sich selber von vermeidbarem Druck befreien.
Typische Belastungen im Lehrerberuf können sein
1. körperliche   durch langes Stehen und Beanspruchung der Stimme
2. psychomentale   durch volle geistig-seelische Präsenz, stetige Reaktionsbereitschaft und hohe Verantwortung sowie widersprüchliche Anforderungen (streng und gleichzeitig freundschaftlich)
3. soziale -   durch Einzelkämpferdasein und mangelnde gesellschaftliche Anerkennung sowie unzureichende Trennung zwischen Arbeit und Privatleben.
4. Lärm.

Als Folge können Erschöpfung, Nervosität, Magenschmerzen, Kopf und Rückenschmerzen auftreten. Schwangere Frauen können viel zu ihrem Wohlbefinden und einem positiven Schwangerschaftsverlauf beitragen, wenn sie Entspannungspausen im Rhythmus von zwei Stunden einlegen - kurz raus aus dem Gewühl, an einen ruhigen Ort, hinlegen und Beine hoch. Da diese Zusammenfassung nur eine orientierende Übersicht über die Probleme des Mutterschutzes im Schulbereich sein kann, müssen spezielle Fragen mit den BetriebsärztInnen erörtert werden.

Röteln

Merkblatt, herausgegeben vom Arbeitsmedizinischen Dienst der Behörde für Inneres, Hamburg, Stand 07/99

Was kann durch eine Rötelninfektion ausgelöst werden?

Röteln sind eine meist leicht verlaufende Viruserkrankung, die mit Fieber, Hautausschlag (Exanthem) und Lymphknotenschwellungen einhergeht. Treten Röteln während der **Schwangerschaft** auf, so kann die Infektion auf das Kind im Mutterleib übergehen und insbesondere Missbildungen an Auge, Ohr, am Herzen sowie im Gehirn verursachen. In den **ersten** Schwangerschaftswochen tritt häufig als Folge einer Rötelninfektion eine Fehlgeburt ein.
Nicht selten verläuft die Infektion mit Rötelnviren ohne Krankheitserscheinungen; diese Menschen können jedoch Personen in ihrer Umgebung anstecken.

Wer soll sich impfen lassen?
Alle Frauen im gebärfähigen Alter, wenn kein Immunschutz gegen Röteln besteht.
Jede Frau sollte sicher sein, dass sie gegen eine Rötelninfektion geschätzt ist, insbesondere vor einer geplanten Schwangerschaft. Der Arzt/die Ärztin (Hausarzt, Frauenarzt) kann den Immunschutz durch einen einfachen Bluttest bestimmen. Diese Untersuchung wird von der Krankenkasse bezahlt.

Wer darf sich nicht impfen lassen?
1. Schwangere dürfen grundsätzlich nicht geimpft werden.
2. Frauen ohne Empfängnisschutz. Sie sollten nach der Impfung mindestens 3 Monate Empfängnisschutz betreiben. Der Impfarzt (z.B. Frauenarzt) berät vor der Impfung und hilft ggf. bei der Wahl des geeigneten Mittels.
3. Personen mit einer akuten fieberhaften Erkrankung oder Personen, in deren engster Umgebung jemand akut erkrankt ist.
4. Personen mit einer angebotenen oder erworbenen Abwehrschwäche (z.B. Leukämie, Aids, usw.) und diejenigen, die durch Medikamente (z.B. Dauercortison-Therapie) abwehrgeschwächt sind.
5. Personen, die innerhalb der letzten 3 Monate Immunglobuline oder eine Blutübertragung erhalten haben, sollten ebenfalls nicht geimpft werden. Durch übertragene Schutzstoffe gegen die Krankheitserreger kann die Wirkung der Impfung ausbleiben.
Bei weiteren offenen Fragen lassen Sie sich bitte von Ihrem Impfarzt beraten.

Was ist nach der Impfung zu beachten?
Durch geimpfte Personen ist keine Ansteckung möglich. Die Impfung eines
Kindes ist risikolos, auch wenn in der Umgebung eine Schwangere lebt.

Was kann nach der Impfung auftreten?
Es kann zu Rötungen und Schmerzen an der Impfstelle kommen
(Oberarm); gelegentlich zu einer kurz dauernden Temperaturerhöhung,
leichtem Hautausschlag und Lymphknotenschwellungen. Diese seltenen
Impfreaktionen treten meist in der 2. Woche nach der Impfung auf und
erfordern in der Regel keine ärztliche Behandlung.

Wo wird geimpft?
Wir empfehlen, die Impfung beim Frauenarzt oder beim Hausarzt
durchführen zu lassen, der Sie gleichzeitig wegen eines Empfängnisschutzes
beraten kann. Die Impfung ist in jedem Fall eine Kassenleistung, die
kostenlos durchgeführt wird . Die Impfung kann auch in allen Gesundheits-
und Umweltämtern und z.B. im Impfzentrum der Freien und Hansestadt
Hamburg erfolgen. Zur Impfung sollen Sie bitte den Impfausweis
mitbringen, damit die Impfung auch eingetragen werden kann.

**Wann tritt ein Beschäftigungsverbot für Schwangere ein (nach
Mutterschutzgesetz)?**
Bei fehlendem Röteln-Immunschutz kann beim Umgang mit Kindern ein
Beschäftigungsverbot für die **ersten 20 Schwangerschaftswochen**
ausgesprochen werden.
Wir empfehlen Ihnen dringend eine Oberprüfung Ihres Röteln-
Immunschutzes und ggf. die Impfung, zumal die Gefahr eine Röteln-
Infektion nicht nur im beruflichen Umfeld besteht.
Auskunft und Beratung über Infektionsgefahren und Impfungen geben
Ihnen Ihre Betriebsärztin/Ihr Betriebsarzt.

Über den Autor und aus der Presse

Der Autor, Harald Birgfeld, Dipl. Ingenieur für Schiffbau, Schweißfach- und Feuerschutzingenieur sowie Fachkraft für Arbeitssicherheit, Ausbildung gem. § 4 der UVV, GUV-V A6, durch den BAGUV, (Sicherheitsingenieur) war in der BEHÖRDE FÜR INNERES und später in der BEHÖRDE FÜR SCHULE, JUGEND UND BERUFSBILDUNG (BSJB), jetzt BEHÖRDE FÜR BILDUNG UND SPORT; der FREIEN UND HANSESTADT HAMBURG, angestellt. Harald Birgfeld erstellte seit 1992, parallel zu Schul- und Dienststellenbegehungen, Checklisten/Beurteilungen und Prüflisten/Dokumentationen. Außerdem wurden regelmäßig Jahresberichte mit Unfallstatistiken von ihm erstellt. **Zeitungs- und andere Artikel über die Tätigkeit von Harald Birgfeld wurden abgedruckt und über seine Arbeit berichtet im/in** (nach 1993 erschienene Artikel wurden wegen möglicher Urheberrechtsverletzungen nicht mehr mit aufgenommen):

Der Autor hat in der Unabhängigen Fachzeitschrift für Arbeitssicherheit, **"Sicherheitsingenieur"** aus dem Curt Harfener Verlag, etliche, in dem Jahr 1990 sogar die meisten redaktionellen Beiträge veröffentlicht.

1999 stellte der **"Bundesverband der Unfallkassen"** (BUK) in der Zeitschrift, "Pluspunkt", Ausgabe 3, S.21, die bis dahin bundesweit bekannt gewordene "Kleine Fibel des Arbeitsschutzes.." vor.

Pressestimmen: Das "Hamburger Abendblatt" berichtete vielfach sowohl zur Person als auch über die Tätigkeit von Harald Birgfeld als Fachkraft für Arbeitssicherheit an Schulen, z.B. am **18. Dez. 1991 auf den Seiten 1 und 14**, am 11. Febr. 1992, S. 9, am **18. Febr.1993, S. 15**, am **16. Juni 1993, S. 13** und am **29. Juni 1993, S. 17**.
Blickpunkt Bildung, Deutscher Lehrerverband Hamburg, Nov. 1991 **Hamburger Pädagogen und Wissenschaftler**, interviewt den Autor Die hlz, **Hamburger Lehrerzeitung**, die Zeitschrift der GEW (Gewerkschaft Erziehung Wissenschaft) Hamburg, interviewt den Autor in der Novemberausgabe 1993 ausführlich (s. dort S. 19-21).

Anhang
Die Vielzahl meiner Veröffentlichungen erfolgte im Verlag: „Gesellschaft für zeitgenössische Lyrik. e.v." Leipzig, unter ISBN: 3-937264
Weitere Veröffentlichungen von Harald Birgfeld auch in Druck und Herstellung bei Books on Demand GmbH, 22848 Norderstedt und online.

Lyrik:

Alsterwanderweggedichte, 41 zeitgenössische Gedichte, (illustriert), 48 S.

..and I said to myself, what a wonderful world, 36 Gedichte mit fantastischen Inhalten, 44 S.

Auf deiner Reise zum Rande im Rande des Randes der Sonne 187 Gedichte: Im Innern der Sprache werden Kräfte freigesetzt. 184 S.

Bärbel und Harald, Epos, Gedicht in 93 Teilen

Die Frau des Terroristen, 53 Facettengedichte

Die Insassinnen, Epos, Lyrik, Außenlager KZ-Sasel, 136 S.

Die Zeit der Gummibärchen ist vorbei, 76 zeitgenössische Gedichte, (illustriert), 108 S.

Feuer, das zur Speise wird,
114 Gedichte aus meiner digitalen Welt, 68 S.

Für dich..., 43 Liebesgedichte und 15 Augen-Blicke, 32 S.

Gedichte, veröffentlicht in ausgewählten Anthologien, und Namenlos von meiner Insel, 42 Briefe, Lyrik, 108 Seiten,

Großes Liebestestament, 68 Liebesgedichte, 144 S.

Honigweißer Duft, 14 fantastische Gedichte, 32 S.
dabei 14 farbige Seiten.

Im Reißverschluss der Illusion, 57 Facettengedichte

Liebestestament, 37 Gedichte Liebeslyrik, 44 S.

Mund aus Glas am Rand aus Fleisch, 114 Gedichte,
Schwarze Liebeslyrik, 120 S.

Sasel, Geschichte eines Außenlagers, Vers-Epos, Lyrik,
KZ-Sasel 140 S. A5

Sofortige Lähmung, 112 Gedichte aus dem Innersten, 72 S.

Unter einem Mikroskop, 36 Gedichte für eine parallele Welt, 28 S.

Von Haut zu Haut, 132 Gedichte: Was macht meine Liebe an dir und an mir mit mir und mit dir? Liebeslyrik. 48 S.

Wir gerieten in den Gürtel der Meteoriten, 10.000 Aufschläge, Band 14:
Aufschläge 6502 – 6999, ca. 500 Strophen aus einem Zyklus von 10.000 Strophen, 224 S.

Wo die schwarzen Blätter wachsen, 129 erotische Gedichte? 76 S.

Prosa:

Die Tätowierungen der jungen Tanja W.
Die Entdeckung der eigenen Zeit
Fünf Veröffentlichungen/Five Publications (deutsch/englisch),
    Selbstsuche und Selbstfindung einer jungen Frau, 132 S.
    Zeit ist die Wahrnehmung eines Ereignisses.
    Beispiele, Grundsätze und Erläuterungen. 92 S.
    32 S. Format A5 (1 Band)
    Theorie und Utopie der eigenen Zeit,
    Theorie und Utopie der anderen Zeit.
    Die Zeit der Gleichungen ist vorbei
    Societ lyrics, was ist das?
    Folienbilder-Entstehung
    „Hochschulen", „Kindergärten", „Schulen" (3 Bände)
    Trennung erster, zweiter und dritter Art, 104 S. A5
Kleine Fibel Arbeitsschutz (für die praktische Arbeit) an:
Trennung von B.
Phänomen, Trennung, 2017, 148 S. A 5
Pina Bausch, Nachruf
Vom Sterben nach dem Tod
Über Poesie der Heilung und Glück, 2020, Essay, 16 S.
Warten auf die Anderen.

Weitere Veröffentlichungen von Harald Birgfeld, derzeit **online** unter
www.Harald-Birgfeld.de
Im Volltext für jedermann zugänglich und einsehbar.

Lyrik:
Die Insassinnen, Theaterstück, Außenlager KZ Sasel, 3 Akte
Gespräche dritter Art, 90 zeitgenössische Gedichte
Gespräche zweiter Art in Art der Art, 89 zeitgenössische Gedichte
Mann aus Blech und Plastikfrau, Theaterstück, Ein dramatisches Bühnenstück in
    drei Akten, Glaube - Liebe – Hoffnung
Wir gerieten in den Gürtel der Meteoriten, 10.000 Aufschläge,
    23 Gedichtbände